LE GRAND LIVRE DU
STRETCHING

LE GRAND LIVRE DU
STRETCHING

MAXINE TOBIAS
JOHN PATRICK SULLIVAN

SOLAR

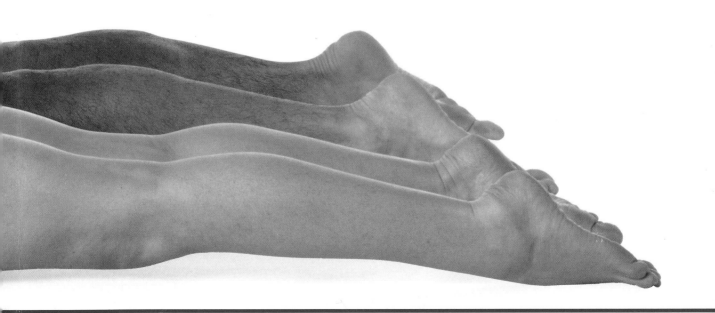

© 1992, Dorling Kindersley Limited, Londres, pour l'édition originale
© 1992, Maxine Tobias et John Patrick Sullivan, pour les textes originaux
© 1993, Éditions Solar, Paris, pour la version française

Titre original de cet ouvrage
THE COMPLETE STRETCHING BOOK

Traduction-adaptation
Olivier Meyer

ISBN : 2-263-01971-5
N° d'éditeur : 2075
Dépôt légal : mars 1993

Photocomposition : Nord Compo, Villeneuve-d'Ascq
Imprimé à Hong Kong

Sommaire

Introduction

LE STRETCHING EST LE SECRET d'une santé
dynamique et d'une forme éclatante. C'est
la base de toutes les autres activités. Nous
sommes convaincus que le stretching
libère le potentiel de vitalité, de créativité et
de rayonnement qui sommeille en nous tous.
Santé et énergie ne sont pas exclusivement
réservées à la jeunesse. Une pratique régulière
permet de se sentir bien, calme, mais c'est
aussi l'assurance d'une vie active et épanouie,
jusqu'à un âge avancé. Voilà ce que vous
propose *Le Grand Livre du stretching*,
méthode complète pour optimiser votre
énergie, physique mais aussi mentale, tout en
développant votre souplesse, en embellissant
votre corps, et en améliorant votre détente.

LA SANTÉ PAR LE STRETCHING

Le rythme effréné de la vie actuelle,
les contraintes économiques et la pollution
sont en train de modifier la qualité de notre vie.
Notre existence sédentaire nous fait prendre
de mauvaises habitudes. Suralimentation,
malnutrition et manque d'exercice ont une
influence catastrophique sur notre corps et
notre esprit. La quantité importante de déchets
produits par l'organisme, et de médicaments
qu'on lui administre, ralentit le métabolisme
et diminue l'énergie. Il faut absolument réagir
en adoptant un mode de vie plus sain.
Le stretching n'est pas une simple méthode
d'assouplissement. Il n'agit pas uniquement sur
nos muscles. Il nous permet, par l'attention
portée sur chaque détail, d'améliorer notre
concentration. En nous apprenant à associer
mouvement et respiration, il désintoxique
notre corps et lui rend sa vitalité. Véritable
discipline de corps et de l'esprit, il nous permet
de mieux nous comprendre.
La plupart des disciplines modernes reposent
sur des pratiques et systèmes de pensée très
anciens. Le Grand Livre du stretching s'inspire
de l'antique tradition du hatha yoga,
qui associe le mouvement, la respiration
et la détente. Lorsque nous prenons une
posture étirée et que nous la conservons un
certain temps, le corps, apparemment statique,
est en réalité en train de travailler. Il s'étire
de façon dynamique, car l'esprit se concentre
sur chaque membre, sur chaque muscle.
Le stretching permet de bâtir un corps sain,
c'est-à-dire détendu mais fort, équilibré mais
susceptible d'évoluer.

LE STRETCHING POUR TOUS

Les athlètes incluent, tout comme les danseurs,
des étirements dans leurs diverses séances
d'échauffement. Mais une séance complète
de stretching n'a rien d'un échauffement,
ni d'une heure d'entraînement rébarbative.
C'est une discipline globale, qui s'adapte à votre
âge et à votre condition physique. Il n'est
jamais trop tard pour débuter ! Chacun de
nous est différent, et la souplesse est donc très
variable d'un individu à l'autre. En général,
la perte de mobilité des articulations est le
premier signe de raideur, et le seul moyen d'y
remédier est de faire travailler les muscles
situés autour de ces articulations. Sinon,
la situation empire. Si nous
ne libérons pas les tensions
jour après jour, nous nous
crispons, et nous finissons par
perdre toute aisance dans
nos mouvements.
Le stretching rend
aux articulations la mobilité

qu'elles auraient tendance à perdre.
Les mouvements proposés dans *Le Grand
Livre du stretching* sont progressifs, et tiennent
compte de votre âge et de votre condition
physique. Respecter les limites du corps
et travailler patiemment à leur dépassement,
tel est l'esprit du stretching. Il est donc
important de se fixer des buts raisonnables,
réalistes. La séance quotidienne dure environ
30 minutes et comprend un temps
de préparation, un enchaînement complet
et une relaxation. Lorsque vous aurez constaté
l'effet régénérant et l'énergie que vous y
puiserez, vous vous servirez également de cette
méthode pour vous calmer naturellement.
Une séance de stretching n'a rien à voir avec
un cours de gymnastique : c'est une façon de
comprendre le fonctionnement complexe
du corps et un moyen de lutter contre
les déséquilibres et les tensions.

1
SE RÉGÉNÉRER

Le stretching ne se contente pas d'être bénéfique
pour le corps. Son rôle ne se limite pas à tonifier
les muscles, renforcer la colonne vertébrale
et améliorer la souplesse. Il a également une influence
sur le mental et sur les émotions.
En le pratiquant régulièrement, on perd sa nervosité
et on fait le plein d'énergie vitale.
C'est la base de la santé.

Les bienfaits du stretching

BIEN SOUVENT, pour des raisons de santé ou tout simplement pour desserrer l'étau du quotidien, nous éprouvons l'envie ou le simple besoin d'améliorer notre mode de vie. Le stretching peut nous y aider. En relâchant les tensions musculaires et en redressant le corps, il améliore le fonctionnement des organes. Par cette action libératrice, il tonifie le corps.

EN FORME ET BIEN PORTANT

Un corps bien droit fonctionne mieux qu'un corps bancal. Le stretching contribue à nous redresser en équilibrant les muscles, et en corrigeant l'inclinaison du bassin et les courbures de la colonne vertébrale. Le stretching améliore également la souplesse. Il ouvre la poitrine, dégage les hanches et soulève le bassin, agrandissant l'espace intérieur disponible pour les organes, dont il facilite le fonctionnement en favorisant la circulation du sang et le drainage lymphatique. Une vie trop sédentaire, l'insuffisance d'exercice, un régime alimentaire acide, la dépendance aux stimulants et aux médicaments affectent la circulation sanguine : les cellules sont alors privées des substances nutritives dispensatrices d'énergie. Mais le stretching lutte contre la léthargie en stimulant le débit des fluides corporels et en assurant le bon fonctionnement de tous nos problèmes. Il fait respirer en profondeur, et le cœur et les poumons reçoivent une quantité d'oxygène suffisante, d'où amélioration de l'endurance. Son action régulière et désintoxiquante, au niveau des intestins, prévient les maladies. Un excès ou un déficit hormonal peuvent aussi être corrigés. Et lorsque le corps est en bonne forme, la digestion est meilleure et on est beaucoup moins sujet aux flatulences ou aux aigreurs d'estomac. Le système immunitaire est stimulé, l'état de santé général s'améliore, et on s'aguerrit contre les rhumes et autres petites misères.

La pratique quotidienne du stretching stimule tous les systèmes corporels et prodigue santé et énergie

UNE VITALITÉ ACCRUE

Lorsque nous nous détendons en profondeur, notre potentiel vital se régénère, et nous sentons notre énergie revenir. Un stress de longue durée finit par affecter notre corps : la tension augmente, et le cœur et d'autres organes vitaux sont ainsi soumis à des pressions excessives. Le stretching permet alors d'atténuer ces pressions en calmant le système nerveux et en détendant le cerveau. Les mouvements lents et précis, et le souffle régulier qui ventile l'ensemble du corps, permettent d'apaiser ce dernier. L'apprentissage de la relaxation prévient fatigue et dépression, et aide à reconstituer l'énergie dépensée. Les étirements qui ouvrent la poitrine tout comme les mouvements de courbure en arrière purifient le corps, et les exercices de respiration profonde consolident l'équilibre nerveux. Ceux qui encouragent une bonne station debout et une bonne position assise permettent également de respirer plus profondément. Les étirements inversés, et même les étirements semi-inversés, éliminent la fatigue et favorisent le calme de l'esprit. Le corps déborde de vitalité.

EMBELLIR SON CORPS

Le stretching raffermit le corps et améliore le tonus musculaire, tout en développant la souplesse. Très peu d'entre nous possèdent naturellement un corps parfaitement droit et équilibré, mais nous pouvons tous corriger notablement le dessin de nos muscles, et transformer notre apparence globale en redressant la colonne vertébrale et en détendant le visage. Le stretching nous rend très conscients de nous-mêmes, et fait autant travailler l'esprit que le corps. Il nous aide à nous sentir bien. A cause des problèmes ou de l'ennui, beaucoup d'entre nous mangent trop. Le stretching permet de remédier à cela, en réduisant de façon active les effets négatifs du stress et en augmentant la vitalité. Il en résulte une modification progressive du mode de vie, ayant pour conséquence une perte de poids effective mettant un terme à l'engrenage des régimes aussi catastrophiques les uns que les autres.

Le stretching agit sur le corps et l'esprit. Il rend plus heureux tout en embellissant

RAJEUNIR

L'usage que nous faisons de notre corps, aujourd'hui, aura une influence directe sur notre santé, plus tard. Le stress est un facteur de vieillissement, dont les effets peuvent être atténués par l'exercice. Toutes les parties du corps sont interdépendantes. Elles doivent demeurer en harmonie entre elles et aussi par rapport à des paramètres extérieurs : la gravitation, l'environnement, les aliments, etc. La santé est le miroir du mode de vie ; si nous ignorons notre corps, nous pouvons dès le milieu de la trentaine nous ankyloser anormalement. L'exercice lubrifie les muscles, les ligaments et les articulations. Lorsque nous sommes trop sédentaires, les muscles perdent de leur tonus, et certains déséquilibres se manifestent. Les articulations subissent alors des tensions, leur mobilité se réduit, et il se produit une usure. Les muscles et les ligaments, privés d'activité, deviennent inefficaces. Nous sommes moins enclins à bouger, parce que les mouvements sont moins faciles. On assiste alors à un vieillissement prématuré. Mais en pratiquant tous les jours le stretching, on peut atténuer cette raideur, et même recommencer à danser, à jouer au tennis, bref à profiter de son corps, jusqu'à un âge avancé.

Clara avait la cinquantaine lorsqu'elle a abordé la pratique du yoga. A 80 ans passés, elle enseigne toujours cette discipline et est encore très active

BIEN SE CONNAITRE

Lorsque nous voyons notre santé et notre vitalité s'améliorer, et que notre corps est de mieux en mieux dessiné, nous nous sentons beaucoup plus sûrs de nous-mêmes, beaucoup plus positifs. Le corps, l'esprit et l'âme forment un tout, et la pratique régulière du stretching favorise nos besoins fondamentaux – paix intérieure, santé et satisfaction des désirs. Le stretching nous permet de rester en contact avec nos forces et nos faiblesses, de mesurer la valeur de la vie, et nous donne le temps de réfléchir tranquillement et objectivement à nos problèmes, pour les transformer en défis à relever.

UNE MEILLEURE CONCENTRATION

Lorsque nous commençons à combiner de simples techniques respiratoires avec le mouvement, il devient plus facile d'être attentif, et notre concentration s'en trouve améliorée. Une pratique quotidienne du stretching renforce la colonne vertébrale et le diaphragme, et améliore l'élasticité des muscles de la poitrine, ce qui nous permet de respirer profondément sans tensions. La plupart d'entre nous ont du mal à rester longtemps assis ou allongés en se concentrant. Incontrôlé, l'esprit erre d'une pensée à l'autre, sans jamais trouver le repos. En appliquant des techniques simples de respiration, nous pouvons calmer notre esprit vagabond, pour l'amener progressivement au calme. L'énergie mentale, généralement dissipée, se concentre, et notre pensée se clarifie.

Dès l'enfance, il faut s'habituer à faire un enchaînement complet tous les jours. Plus tard, les muscles resteront souples et les articulations bien mobiles

Une pratique pour les deux sexes

MALGRÉ LES DIFFÉRENCES entre les corps masculin et féminin, le stretching apporte autant aux deux sexes : un bon tonus musculaire, de la souplesse, une aisance dans les mouvements, un corps bien droit et une grande détente. La santé et la vitalité sont globalement et considérablement améliorées.

LA MORPHOLOGIE MASCULINE

Attirés par tous les sports développant leur musculature et flattant leur image, les hommes travaillent souvent en force, aux dépens de la souplesse. Ils le payent cher : un corps raide, et aussi des problèmes de colonne vertébrale. Cette tendance à la raideur est due à la testostérone, l'hormone mâle, qui est responsable de la force musculaire, mais qui diminue la souplesse. Au début, il est difficile pour un homme d'étirer ses muscles. John, ancien joueur de football américain, était le symbole vivant du sportif mâle, et il était assez résistant pour maltraiter son corps sans dommages apparents. Et pourtant, sa masse musculaire entravait la mobilité de ses articulations, et il souffrait de douleurs dans les reins et aux genoux. La partie supérieure du dos était crispée, les hanches raidies par l'haltérophilie, et les muscles tendineux, à l'arrière des cuisses, étaient très courts. A tel point qu'il était incapable de se pencher en avant.

SE DÉTENDRE EN S'ÉTIRANT

Lorsque John a commencé, en pratiquant le yoga, à s'étirer, il a détendu ses muscles tendineux, renforcé le bas de son dos, et développé sa conscience de son propre corps. Le stretching peut également donner de la souplesse à un dos plat, défaut très fréquent chez l'homme, en raison du basculement du bassin en arrière, de la raideur des muscles tendineux et aussi de l'aplatissement de la courbure lombaire, causes de rigidification de la colonne vertébrale, et donc de douleurs.

L'arrière de la cuisse est puissant, mais souvent raide

Des abdominaux bien développés facilitent certains étirements

La force des bras et des épaules facilite les étirements nécessitant un appui et de la puissance

Au niveau des hanches, les flexions sont parfois difficiles

La colonne vertébrale est plus longue que chez la femme. La forme du sacrum est différente, et l'inclinaison à la jonction de la courbure lombaire est moins prononcée

LA MORPHOLOGIE FÉMININE

Les femmes sont attirées par le stretching parce qu'il n'y a pas d'esprit de compétition et qu'elles portent un intérêt particulier à la santé et à la beauté. Elles sont volontiers attirées par des étirement lents et calmes, qui embellissent la silhouette, éliminent la fatigue, et favorisent la détente et l'équilibre émotionnel. Par ailleurs, les femmes doivent surveiller leur colonne vertébrale, soumise à un excédent de poids pendant les grossesses, ou encore lorsqu'elles portent leur enfant. Le stretching permet de conserver une colonne vertébrale bien droite. Le corps féminin est beaucoup plus souple que celui de l'homme, sa structure osseuse est moins dense, et ses os sont courts. Les hormones, œstrogène et progestérone contribuent au maintien de cette souplesse.

S'ÉTIRER POUR SE RÉÉQUILIBRER

Les femmes puiseront de l'énergie dans les étirements dynamiques, récupéreront par la relaxation, et toutes les postures contribueront à les rendre gracieuses. Certains étirements permettent de régulariser le cycle menstruel, mais, pendant les règles, il vaut mieux éviter les étirements difficiles. Lorsque l'alimentation est suffisamment riche en calcium, la pratique du stretching, aux alentours de la ménopause permet de fixer le calcium et peut éviter l'ostéoporose. Le stretching peut s'avérer très efficace contre certaines migraines, aggravées par une courbure lombaire trop importante. Dans ce type de problèmes de dos, le bassin bascule en avant et, pour maintenir l'équilibre, le tronc s'incline en arrière.

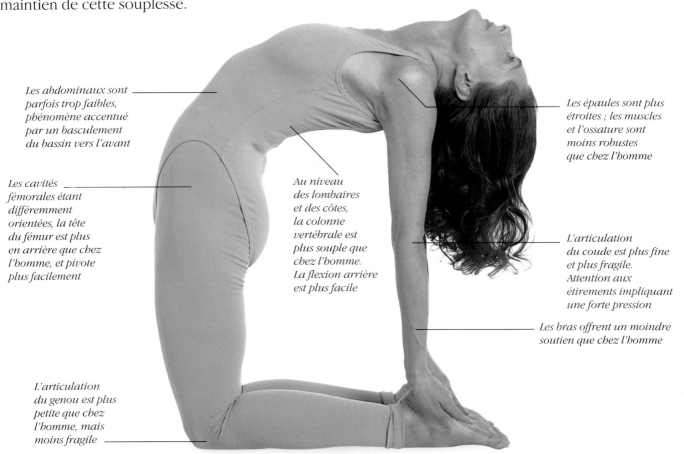

Les abdominaux sont parfois trop faibles, phénomène accentué par un basculement du bassin vers l'avant

Les cavités fémorales étant différemment orientées, la tête du fémur est plus en arrière que chez l'homme, et pivote plus facilement

Au niveau des lombaires et des côtes, la colonne vertébrale est plus souple que chez l'homme. La flexion arrière est plus facile

Les épaules sont plus étroites ; les muscles et l'ossature sont moins robustes que chez l'homme

L'articulation du coude est plus fine et plus fragile. Attention aux étirements impliquant une forte pression

Les bras offrent un moindre soutien que chez l'homme

L'articulation du genou est plus petite que chez l'homme, mais moins fragile

Étirer la colonne vertébrale

L'ÉTUDE DE TRÈS VIEUX SQUELETTES révèle que l'être humain souffre probablement du dos depuis l'époque où il est devenu bipède. En effet, dans la station debout, tout le poids du corps est supporté par la colonne vertébrale, ses disques intervertébraux, et par le bassin. Tandis que les animaux à quatre pattes font peu d'efforts pour maintenir leur équilibre, nous avons besoin d'un système musculaire très complexe.

ANATOMIE DE LA COLONNE VERTÉBRALE

Nous ignorons généralement à quoi ressemble notre épine dorsale, ou colonne vertébrale. C'est un enchaînement de trente-trois petits os, les vertèbres, qui forment l'armature centrale du squelette. Chacun de ces os est séparé par un petit coussin cartilagineux, appelé disque intervertébral. Trois protubérances, les apophyses, situées derrière et de chaque côté, saillent de chaque vertèbre ; elles jouent le rôle de leviers pour les muscles puissants et les ligaments fibreux maintenant la colonne vertébrale en place, et qui stabilisent le corps pendant la locomotion. L'épine dorsale n'est pas une ossature rigide, mais une « tige osseuse » formée de petits éléments, et dessinant cinq courbures au total, dont le coccyx. Cet ensemble donne à la colonne une grande solidité et une très grande flexibilité. Chaque partie bouge indépendamment, les vertèbres pivotant et glissant les unes par rapport aux autres. Cette souplesse nous permet de pivoter, de nous pencher et de nous tenir droit. Mais cette colonne flexible est enchâssée dans un bassin plus rigide, et les déséquilibres à ce niveau, ainsi que les faiblesses abdominales ou les raideurs de la région des reins, entraînent des douleurs. Il est pourtant possible de protéger sa colonne vertébrale et de l'assouplir en pratiquant régulièrement les étirements appropriés.

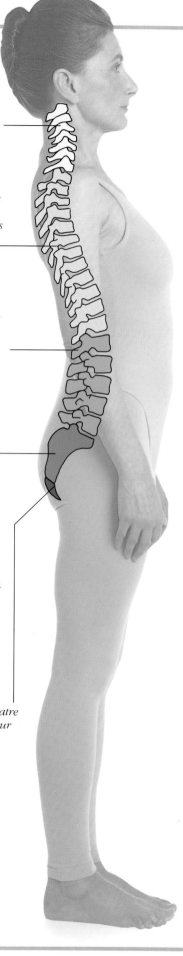

COURBURE CERVICALE *Sept petites vertèbres dessinent une courbe concave au niveau du cou. C'est la partie la plus mobile de la colonne vertébrale, sauf lorsqu'on se tient mal. Normalement – mais c'est rarement le cas –, le cou peut se mouvoir librement dans toutes les directions*

COURBURE DORSALE *Douze vertèbres de taille moyenne dessinent une courbure naturelle vers l'arrière, mais cette section peut s'infléchir sur les côtés et pivoter librement. La flexion arrière est limitée, surtout dans la partie supérieure*

COURBURE LOMBAIRE *Ces cinq vertèbres, les plus grosses, dessinent la cambrure de la taille. Le pivotement et la flexion arrière sont réduits*

SACRUM *Triangulaire, il est formé de cinq parties soudées les unes aux autres, et est situé au milieu du bassin. Inclinée vers l'arrière, cette zone bascule difficilement d'avant en arrière. La partie supérieure s'articule avec la cinquième vertèbre lombaire. C'est une zone sensible. Lorsque le bassin est horizontal, les mouvements des hanches et de la colonne vertébrale sont facilités*

COCCYX *Partie courbe et saillante formée de quatre os soudés, importante pour l'équilibre*

S'ÉTIRER POUR S'ÉQUILIBRER

La colonne vertébrale, notamment la courbure lombaire, doit gagner en mobilité. Un changement de position, même très court, soulage les disques de la pression qu'ils supportent. En nous penchant, en nous renversant ou en pivotant, nous développons force et souplesse, éliminons les petites douleurs dorsales, et faisons bénéficier les disques et les nerfs d'un afflux sanguin.

PROBLÈMES CERVICAUX Si la tête est trop en avant, les vertèbres cervicales s'affaissent (lordose cervicale), et les ligaments et muscles se relâchent. Travaillez : *Retrouver sa vitalité*, pages 46 à 49 *Tonifier les muscles*, pages 22 et 23 *Souplesse de la colonne vertébrale*, pages 54 à 63

PROBLÈMES DORSAUX Les épaules voûtées (courbure dorsale excessive) compriment la poitrine et gênent la respiration. Travaillez : *Souplesse de la colonne vertébrale*, pages 54 à 63

PROBLÈMES LOMBAIRES Un bassin basculant vers l'avant accentue la courbure lombaire (lordose lombaire excessive). Cette zone étant assez mobile, elle prend en charge de nombreux mouvements. Travaillez : *Torsion latérale*, pages 50 à 53 *Flexion ava,8es 40 à 45*

PROBLÈMES DU SACRUM Un bassin trop incliné en avant affaiblit les abdominaux et raidit l'aine. Une mauvaise tenue limite la mobilité des hanches. Travaillez : *Torsion latérale*, pages 50 à 53

MUSCLES ET COLONNE VERTÉBRALE

Lorsque tout est normal, les groupes musculaires situés devant, derrière et sur les côtés de la colonne vertébrale sont équilibrés. Mais leur développement est rarement harmonieux. Les déviations de la colonne vertébrale sont très fréquentes.

Les muscles de la paroi abdominale ont une incidence sur le bas du dos. Quand ils sont faibles, le bassin bascule en avant. Lorsqu'ils sont raides, le bassin remonte et aplatit la courbure lombaire. S'ils sont forts mais élastiques, ils soutiennent correctement la colonne vertébrale.

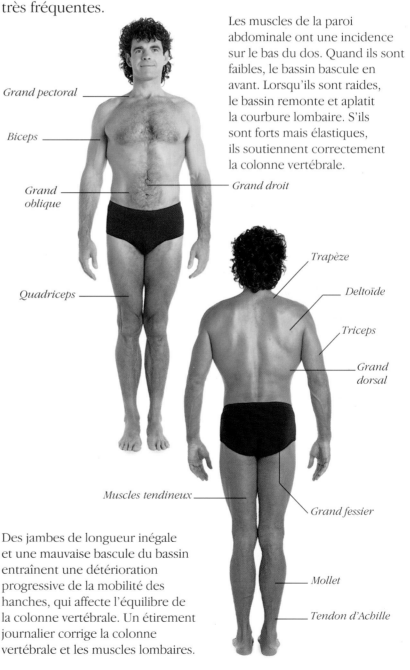

Grand pectoral

Biceps

Grand oblique

Grand droit

Quadriceps

Trapèze

Deltoïde

Triceps

Grand dorsal

Muscles tendineux

Grand fessier

Mollet

Tendon d'Achille

Des jambes de longueur inégale et une mauvaise bascule du bassin entraînent une détérioration progressive de la mobilité des hanches, qui affecte l'équilibre de la colonne vertébrale. Un étirement journalier corrige la colonne vertébrale et les muscles lombaires.

Préparer l'étirement

IL EST POSSIBLE DE MODIFIER sa condition physique en faisant très régulièrement un programme complet d'étirements. Par la relaxation et les techniques de respiration profonde, on peut influer sur le mental et l'émotionnel. Au fur et à mesure de votre progression, vous vous étirerez dans toutes les directions. Peu à peu, vos muscles et articulations seront plus libres, et la vie vous deviendra plus agréable.

Il est cependant indispensable d'avancer très graduellement, sans forcer et avec plaisir. En forçant, vous pouvez vous faire mal. Apprenez à bien connaître votre corps, ses forces et ses faiblesses, en essayant les exercices de la page 19, puis commencez le stretching en tenant compte de votre niveau personnel. Pour tirer le meilleur parti de votre programme, suivez les conseils ci-dessous.

S'ÉTIRER SANS RISQUE

● Toute personne en bonne santé peut s'étirer. Tout le monde peut faire les étirements ou prendre les postures indiquées dans cet ouvrage. Mais en cas de doute, consultez votre médecin.

● Si vous vous sentez très raide le matin, et si vous êtes âgé, consultez votre médecin avant de mettre au point un programme de stretching. Vous êtes peut-être atteint d'arthrite.

● Pour les cours de yoga, nous recommandons les professeurs de l'école de B.K.S. Iyengar.

● Il est déconseillé de débuter un programme d'étirement pendant une grossesse.

● Portez des vêtements amples. Pour les femmes, les collants ne sont pas indispensables. Mettez-vous à l'aise.

● Pratiquez sur une surface propre et non glissante, pieds nus, de manière à pouvoir déployer les orteils pour un contact optimal avec le sol.

● Ne vous étirez pas juste après les repas. Il vaut mieux pratiquer l'estomac vide. Cela facilite la purification du corps.

● Démarrez lentement, pour que votre corps s'habitue à faire les mouvements correctement. Même si vous êtes déjà entraîné, et souple, commencez toujours par quelques étirements debout avant de passer aux exercices plus complexes.

● Respectez l'enchaînement des étirements ; tâchez de les mémoriser dans cet ordre, au lieu d'en choisir quelques-uns au hasard. On vous indiquera dans le texte à quels moments il convient d'ajouter de nouveaux exercices.

● Lorsque votre corps est las, reposez-vous. Au début, relâchez après chaque étirement, en vous courbant en avant, bras ballants. Si vous pratiquez régulièrement, votre énergie et votre résistance augmenteront.

● Ne forcez jamais un étirement. Au contraire, détendez vos muscles, qui s'allongeront, dégageront de l'espace au niveau des articulations, et favoriseront votre liberté de mouvement.

● Commencez chaque mouvement en expirant, et respirez normalement. Ne retenez pas votre souffle : ce serait une cause de tensions. A la fin de l'étirement, inspirez, puis expirez et relâchez.

● Prolongez chaque étirement aussi longtemps que vos muscles peuvent rester détendus. Au début, vous ne tiendrez que quelques secondes, mais, en pratiquant régulièrement, ce temps augmentera progressivement.

● Pendant l'étirement, soyez conscient du déplacement de votre colonne vertébrale, et ressentez le mouvement qui s'effectue sur les faces antérieure et postérieure de votre corps.

● Faites chaque étirement et tenez la position pendant le même temps de chaque côté du corps. Commencez par la droite, puis enchaînez sur la gauche. Comme vous pouvez résister davantage du côté le plus fort, veillez toujours à respecter très scrupuleusement l'équilibre entre les deux côtés.

● Terminez l'étirement aussi soigneusement que vous l'avez commencé, en effectuant les mêmes mouvements en sens inverse. Faites particulièrement attention aux étirements où vous mettez la tête en bas. Une descente trop rapide infligerait une tension trop forte aux vertèbres cervicales.

● Le stretching est plus efficace lorsqu'on le pratique avec lenteur et concentration. Ne sautez pas, et ne faites pas de gestes saccadés, qui risqueraient d'infliger aux muscles une tension excessive, et d'occasionner contractions et déchirures.

ÊTES-VOUS SOUPLE ?

Peut-être n'êtes-vous pas aussi souple que vous le souhaiteriez ! Les étirements du tableau ci-dessous, colonne de gauche, vous permettront d'estimer votre niveau de souplesse. A droite sont présentées les zones à problèmes les plus fréquentes et le moyen de faciliter l'étirement correspondant, en utilisant des accessoires tels que ceintures, couvertures et blocs. Expérimentés par l'un des grands maîtres du yoga, B.K.S. Iyengar, ces accessoires vous permettent de vous étirer dans la détente. Dans « Stretching au quotidien », vous apprendrez à modifier les étirements pour les adapter à votre niveau.

Q Avez-vous du mal, comme la plupart des gens, à vous pencher en avant et à toucher vos orteils ?	R Oui. Les muscles tendineux de vos jambes sont raides. Servez-vous d'une chaise pour faciliter votre étirement (*voir* page 41), en l'alignant contre un mur pour plus de sécurité.
Q Éprouvez-vous des douleurs aux mollets, problème fréquent lors des étirements latéraux ?	R Oui. Vous devez avoir les jambes et les hanches raides. Utilisez un bloc non glissant pour supporter votre main pendant l'étirement (*voir* pages 26 et 100).
Q Êtes-vous capable de vous tenir assis dans cette position, les plantes de pieds jointes et les genoux au sol ?	R Non. Vos jambes sont raides et ont besoin de pivoter vers l'extérieur. Pratiquez des étirements debout pour augmenter votre souplesse (*voir* page 28).
Q Lorsque vous allongez les jambes, et que vous essayez de toucher vos pieds, votre poitrine touche-t-elle vos cuisses ?	R Non. Vous devez étirer vos muscles tendineux et ceux du bas du dos, et faire basculer votre bassin en utilisant des couvertures pliées et une ceinture (*voir* pages 42 et 43).
Q En position agenouillée, parvenez-vous à attraper vos mollets de cette façon ?	R Non. La partie antérieure de vos cuisses et le haut de votre dos sont trop raides. Travaillez la mobilité de vos épaules et la position assise entre vos pieds (*voir* page 83).
Q Lorsque vous êtes à plat ventre, avez-vous du mal à décoller les genoux du sol ?	R Oui. Ce mouvement est malaisé pour les hommes. Prenez une couverture roulée et essayez un étirement moins difficile (*voir* page 55).

2

CHANGER
SON CORPS

Nous avons sélectionné dans ce chapitre
un certain nombre d'étirements, particulièrement
efficaces contre les raideurs dont souffrent
certaines zones du corps, et pour
le développement d'autres parties.
Nous proposons également une série
de programmes types, de difficulté croissante.
Vous pourrez plus facilement planifier vos progrès
en vous fixant des objectifs réalistes, que vous
dépasserez l'un après l'autre.

Tonifier les muscles

L'ÉTIREMENT DES MUSCLES permet, entre autres, de les tonifier et de rétablir l'équilibre du corps, afin d'améliorer la santé et la forme physique. Pour cela, le premier objectif est d'apprendre à se tenir droit, à affronter correctement la pesanteur. En effet, immobile ou en mouvement, le corps humain doit sans cesse combattre la force de gravitation qui l'attire vers le bas. Les muscles fonctionnent par paires opposées, qui s'équilibrent pendant les divers déplacements du corps. Un côté se contracte et se rétrécit, tandis que l'autre se relâche et s'allonge. Mais à cause de nos vies sédentaires, les groupes musculaires censés maintenir le corps à la verticale sont souvent déséquilibrés. L'un est court et dur, son opposé est mou et faible. Des muscles sans tonus soutiennent mal le squelette, et c'est sur les articulations que portent les tensions. Un bon tonus musculaire ne modifie pas seulement notre tenue, mais également tout un ensemble de mouvements, permettant au corps de fonctionner avec un minimum de tensions, d'où une économie d'énergie. Les étirements debout, à la base de ce programme, contribuent très efficacement à un rétablissement harmonieux.

Bienfaits des étirements debout

• *Ces étirements ont un réel effet raffermissant et tonifiant pour les muscles. Ils permettent également de corriger les menues déviations de la colonne vertébrale.*
• *La souplesse des hanches s'améliore.*
• *Lorsque la position est correcte, le centre de gravité suit toutes les courbures de la colonne vertébrale.*
• *Ces étirements tonifiants améliorent la circulation sanguine, stimulent la digestion et, en utilisant le rythme de la respiration, développent la faculté de concentration.*

STATION DEBOUT

Plus on se sent solide sur ses pieds et plus il est facile d'étirer l'ensemble du corps. Si, au début, vous avez du mal à rester les pieds joints, vous percevrez avec le temps les bienfaits de ces exercices, qui renforcent et égalisent les muscles des jambes. Lorsque les jambes s'étirent, sentez votre colonne vertébrale s'allonger à partir du coccyx, jusqu'au sommet du dos.

1 Les pieds forment une base très étroite, mais jouent un grand rôle dans l'équilibre général du corps. Les bords extérieurs des pieds doivent être parallèles l'un à l'autre, et les gros orteils se toucher.

2 Pour une bonne répartition du poids, étirez-les du milieu de la voûte plantaire vers l'arrière jusqu'au talon, et vers l'avant jusqu'à la partie charnue de la plante des pieds.
Ne recroquevillez pas les orteils : étalez-les au sol. Équilibrez votre poids entre l'intérieur et l'extérieur de chaque pied.

3 Pour étirer les jambes vers le haut, partez de la voûte plantaire, étirez les chevilles, les tendons d'Achille, les tibias et les mollets. Soulevez les genoux et étirez les cuisses jusqu'à l'articulation des hanches.

4 Contractez les muscles anaux et décollez le bassin des fémurs. Avancez le coccyx, puis montez le sacrum, base de votre colonne vertébrale.

5 Étirez toutes les courbures de la colonne vertébrale. Soulevez l'arrière de la cage thoracique tout en éloignant les côtes de l'échine dorsale. Soulevez le haut de la colonne vertébrale, étirez le cou. Laissez tomber les épaules, et allongez les bras, de l'arrière des épaules jusqu'au bout des doigts.

6 Essayez de vous sentir léger mais ferme, sans tension aucune. Respirez doucement et sans forcer. Ne retenez pas votre souffle. Maintenez au contraire sa fluidité, sa régularité, sans contracter les yeux, les oreilles ou la gorge.

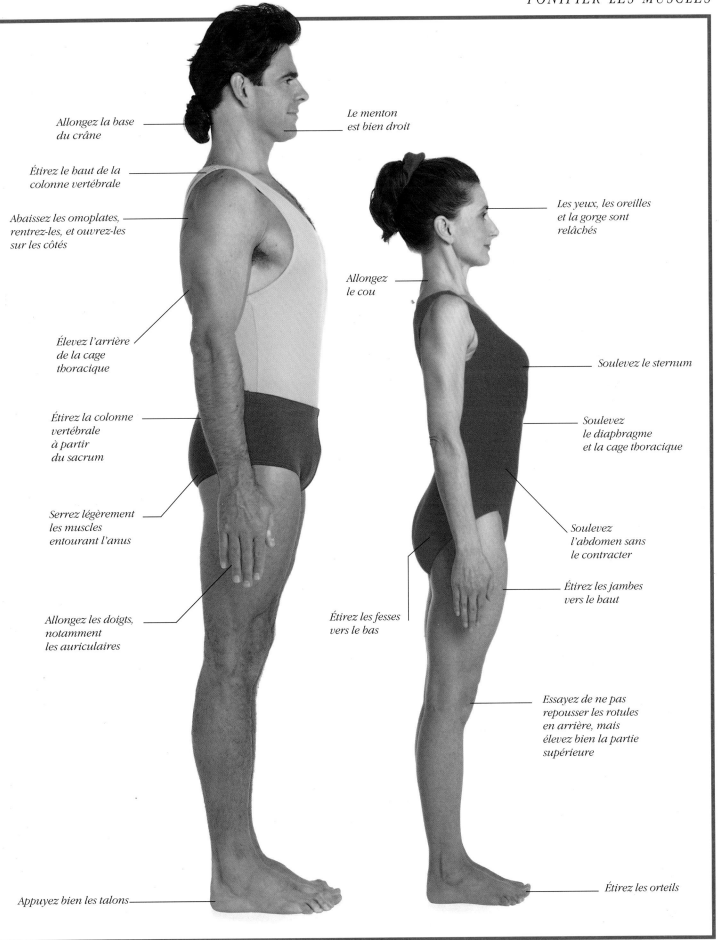

Allongez la base
du crâne

Le menton
est bien droit

Étirez le haut de la
colonne vertébrale

Les yeux, les oreilles
et la gorge sont
relâchés

Abaissez les omoplates,
rentrez-les, et ouvrez-les
sur les côtés

Allongez
le cou

Élevez l'arrière
de la cage
thoracique

Soulevez le sternum

Étirez la colonne
vertébrale
à partir
du sacrum

Soulevez
le diaphragme
et la cage thoracique

Serrez légèrement
les muscles
entourant l'anus

Soulevez
l'abdomen sans
le contracter

Étirez les jambes
vers le haut

Allongez les doigts,
notamment
les auriculaires

Étirez les fesses
vers le bas

Essayez de ne pas
repousser les rotules
en arrière, mais
élevez bien la partie
supérieure

Appuyez bien les talons

Étirez les orteils

ÉTIREMENT VERTICAL

Grâce à cet étirement vers le haut, qui concerne l'ensemble du corps et se pratique debout, vous éprouverez une grande impression de légèreté. Sentez alors votre cage thoracique se soulever, vos poumons se dilater, et votre abdomen s'étirer. Levez ensuite la jambe pour bien étirer le bassin.

Étirez les paumes des mains et les doigts

Étirez les épaules et les bras

Élevez l'arrière de la cage thoracique

2 Lâchez les mains et laissez-les s'éloigner l'une de l'autre, pour empêcher les muscles du cou de se raidir. Étirez le corps vers le haut, sans tirer les bras en arrière et sans creuser les reins. Maintenez les bras légèrement en avant et gardez la colonne vertébrale bien tendue. Tenez 20 à 30 secondes, en respirant profondément. Abaissez les bras sur une inspiration.

AMPLIFIER L'ÉTIREMENT

Élevez la jambe gauche de manière à pouvoir poser le pied sur un rebord. Bloquez le genou. Attrapez votre pied avec les doigts, ou avec une ceinture. Faites pivoter la cuisse vers l'arrière (ne relâchez pas la colonne vertébrale et ne pliez pas les genoux). Pour étirer le bassin, maintenez le pied droit parallèlement au rebord, et redressez l'ensemble de la colonne vertébrale. Tenez 20 à 30 secondes. Recommencez de l'autre côté.

1 Tenez-vous debout, pieds joints. Dépliez-vous, entrelacez les doigts, et tirez les bras derrière la tête, coudes vers l'extérieur. Expirez, tournez les paumes vers le haut en étirant les bras, et comprimez l'extérieur des jambes.

ÉTIREMENT VERTICAL, ASSIS

Être assis bien droit renforce le bas du dos et tonifie les abdominaux. Cette position, plus difficile à tenir qu'un étirement debout, est en revanche plus efficace, car, lorsque le corps est à angle droit, c'est la colonne vertébrale qui travaille, et non les muscles des jambes. Les abdominaux agissent sur le bas du dos, et lorsqu'ils sont trop lâches, l'exercice abdominal (à droite) fait beaucoup de bien, surtout chez la femme. N'ajoutez ce difficile étirement à votre programme que lorsque vous vous sentirez plus fort.

AMPLIFIER L'ÉTIREMENT

1 Utilisez cet étirement pour fortifier les abdominaux, en préservant leur élasticité (*voir également* pages 50 à 53). Depuis la position assise, le dos toujours droit, pliez les genoux et laissez-vous basculer en arrière, en soulevant le bas du dos. Tendez les jambes le plus loin possible.

ÉTIREMENT ASSIS

Asseyez-vous sur vos ischions (les têtes osseuses situées sous les fesses), jambes tendues, les mains proches des hanches. En appui sur la paume des mains, basculez le bassin vers l'avant et étirez-vous d'un bout à l'autre de la colonne vertébrale, jusqu'au sommet du crâne (pour en savoir plus sur la mobilité du bassin, se reporter à la page 40). Tendez les jambes jusqu'au bout des talons et serrez les cuisses, genoux et tibias au sol. Tenez cette position 15 à 20 secondes.

2 Toujours bien droit, restez bien en équilibre sur les ischions. Étirez les bras vers les jambes, puis étirez les jambes et les voûtes plantaires. Tenez la position pendant 20 à 30 secondes, en respirant normalement. Décontractez l'abdomen. Pliez les genoux et revenez.

Tirez l'extérieur des hanches vers l'arrière

Étirez les orteils

ÉTIREMENT LATÉRAL

Nous pivotons rarement sur le côté. L'étirement
latéral à partir des hanches permet pourtant
de fortifier les muscles des jambes et d'assouplir
le bas du dos, mais aussi d'entretenir la mobilité
du corps malgré le vieillissement, et de soulager
les douleurs de la région des reins. Dans
un étirement latéral, il faut allonger toute
la colonne vertébrale à partir des hanches,
et non en pliant au niveau de la taille.

FACILITER L'ÉTIREMENT

*Pour faciliter l'étirement
de la colonne vertébrale
à partir de la taille,
utilisez un bloc*

● Lors de l'étape 3, posez la main gauche sur un bloc
(ou plusieurs), et ne cherchez pas à descendre trop
bas dès le début. Cela permettra de ne pas arrondir
le dos, et de faire pivoter le buste plus facilement.
L'étirement du bas du dos sera meilleur.
● Lors de l'étape 3, pour ménager votre nuque,
évitez de rejeter la tête en arrière, ce qui comprimerait
les vertèbres cervicales. Contentez-vous d'allonger
cette zone pendant que vous levez les yeux.

1 Mettez-vous debout, pieds parallèles, écartés
de 1 mètre environ. Montez les bras au niveau
des épaules, paumes vers le bas. Élevez la colonne
vertébrale à partir du sacrum et étirez les bras jusqu'au
bout des doigts.

2 Tournez légèrement le pied droit vers l'intérieur,
pivotez le pied gauche à 90 °. Alignez le talon
gauche sur la voûte plantaire du pied droit.
Tendez bien les jambes. Appuyez sur la partie
externe du pied droit pour créer une résistance.
Expirez, descendez la colonne vertébrale sur la
gauche en déplaçant les hanches à droite.

3 Posez la main gauche sur le sol, près du pied, et faites pivoter le buste vers le haut. Étirez le bras droit et regardez votre main sans jeter la tête en arrière. Tenez la posture pendant 20 à 30 secondes, en respirant normalement. Revenez sur une inspiration.

Détendez le visage

Maintenez une extension égale des deux côtés du buste

Maintenez le poids sur la jambe arrière

Allongez la nuque

Faites pivoter l'intérieur de la cuisse vers l'extérieur pour éviter une surtension du genou

Posez la main près du pied

GRAND ÉTIREMENT

Il est difficile, lorsqu'on commence les étirements debout, d'aller très loin. Il faudrait pour cela une bonne souplesse des hanches et un bon pivot des cuisses. L'une des deux hanches est parfois plus raide que l'autre, c'est la preuve d'un déséquilibre du bassin, peut-être dû à une jambe légèrement plus courte, ou au développement inégal des muscles spinaux. Dans ce cas, attendez d'être plus souple pour aborder l'étape 3.

Étirez à fond la jambe droite

Maintenez bien le bassin

Abaissez l'ischion de la fesse gauche

Équilibrez le poids sur vos deux pieds

FACILITER L'ÉTIREMENT

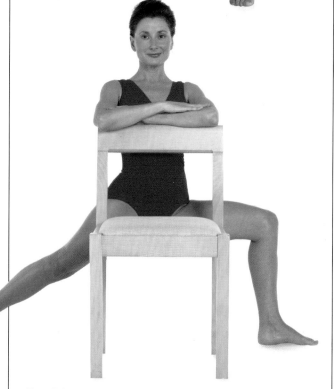

● Si l'étape 1 est difficile, placez-vous devant une chaise – ou un meuble quelconque suffisamment robuste – et utilisez-la comme support pour faire l'exercice, en maintenant l'un de vos genoux à angle droit et en tirant sur les cuisses.

1 Tenez-vous bien droit. Écartez les pieds de 1 mètre environ. Écartez les bras. Rentrez légèrement le pied droit, pied gauche à 90°. Expirez, en fléchissant le genou gauche. Abaissez la fesse gauche de façon à plier le genou à 90°, tibia perpendiculaire, et cuisse parallèle au sol. Passez à l'étape 2. Vous pouvez également enchaîner cette étape, sans les autres, après le grand étirement vertical (*voir* pages 30 et 31).

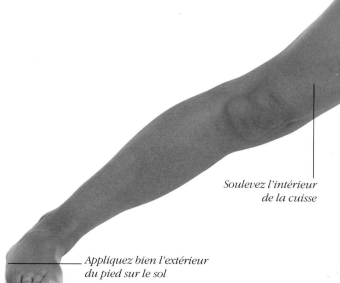

Soulevez l'intérieur de la cuisse

Appliquez bien l'extérieur du pied sur le sol

2 Maintenez l'étirement latéral, pliez le coude gauche et appuyez-le sur la cuisse (ou posez la main sur un bloc, à côté du pied). Sur une expiration, faites pivoter le buste vers le plafond. Maintenez le genou gauche en arrière, dans l'alignement de la hanche. Étirez le bras droit par-dessus la tête (paume vers le bas). Respirez plusieurs fois dans cette position.

Ne projetez pas le haut du corps en arrière en cambrant exagérément la taille

Maintenez la tête dans l'axe de la colonne vertébrale

3 Sans laisser tomber le côté droit du buste, dépliez le bras gauche en l'étirant vers le bas. Posez la main sur le sol. Appuyez le buste sur la cuisse, genou gauche contre l'aisselle. Faites pivoter le buste vers le plafond. Maintenez la jambe arrière bien droite et étirez-vous de la hanche droite aux orteils. Tournez la tête, en la maintenant bien dans l'axe de la colonne vertébrale, pour regarder vers le haut. Tenez 20 à 30 secondes, en respirant doucement. Recommencez de l'autre côté.

Le genou forme un angle droit

Abaissez l'ischion

GRAND ÉTIREMENT VERTICAL

Lorsque le corps vieillit, les articulations
des épaules et la colonne vertébrale
se raidissent. Il est pourtant possible de
les maintenir souples et solides, en les étirant
régulièrement. Ce grand étirement fait du bien
à la colonne vertébrale et aux épaules, mais
il ne faut pas lever les bras au-dessus de la tête
si vous souffrez d'hypertension.

1 En station debout, écartez
les pieds d'environ 1 mètre.
Étirez vigoureusement les bras,
de la colonne vertébrale jusqu'au bout
des doigts. Ouvrez bien la poitrine
en séparant les omoplates. Maintenez
les pieds parallèles et étirez les jambes
jusqu'à l'aine. Levez les bras, paumes
vers le haut. Expirez en étirant
les bras au-dessus de la tête.

*Si vos épaules
sont raides,
maintenez
les bras écartés*

*Soulevez
les aisselles*

*Étirez les côtés
du thorax*

*Vérifiez
le parallélisme
des pieds*

FACILITER L'ÉTIREMENT

● Lorsque vous passerez à l'étape 2,
il se peut que le talon arrière décolle
du sol au moment où vous voudrez
faire pivoter la hanche. Pour éviter
tout problème au genou, essayez
l'étirement en appuyant ce talon
contre un mur de façon à tourner
complètement le bassin. Cela est
également conseillé en cas
de problèmes au bas du dos.
● Si vous avez mal aux reins après
cet étirement, allongez-vous sur
le dos, amenez le genou gauche vers
la poitrine et croisez les bras devant
le tibia. Tenez la position pendant
30 secondes, jambe droite détendue,
en respirant normalement.
Recommencez de l'autre côté.

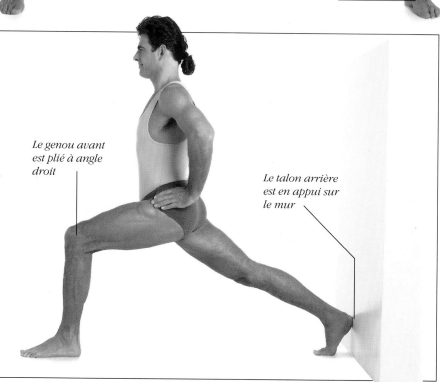

*Le genou avant
est plié à angle
droit*

*Le talon arrière
est en appui sur
le mur*

Regardez vos mains

3 Étirez l'arrière de la cage thoracique de haut en bas. Sur une expiration, pliez le genou gauche à 90°, tibia vertical et cuisse parallèle au sol. La jambe gauche est tendue. Si vous êtes assez souple, inclinez la tête vers l'arrière, ouvrez la poitrine et regardez en l'air. Tenez la position pendant 20 à 30 secondes, tout en respirant régulièrement. Inspirez, redressez-vous, et expirez. Recommencez de l'autre côté.

2 Rentrez le pied droit à 45-60°, et ouvrez le pied gauche à 90°. Tournez le buste vers la gauche. Tournez jambe, genou et hanche arrière, en gardant le pied à plat au sol. Le talon du pied avant est dans l'alignement de la voûte plantaire du pied arrière.

Ne renversez la tête que si vous avez la souplesse nécessaire

Conservez la rotation du thorax

Poussez la hanche arrière vers l'avant

Montez le genou vers le plafond

Faites descendre les hanches

Appuyez le talon au sol

LONG ÉTIREMENT DORSAL

Ce grand étirement corrige
une attitude voûtée et relâche
un bas du dos raidi. Il assouplit
également jambes et hanches raides,
tout en tonifiant les abdominaux.
Il est excellent pour tous ceux qui
fournissent un travail physique
répétitif, ou bien qui jouent d'un
instrument, car il étire l'intérieur de
l'avant-bras et du poignet, et détend
l'extérieur de l'avant-bras.

1 Mettez-vous debout
et joignez les paumes
des mains derrière le
dos, doigts dirigés vers
le sol.

2 Expirez. Faites pivoter les
poignets de façon à orienter
les doigts vers le plafond.
Tirez les mains vers les omoplates,
en pressant les paumes l'une contre
l'autre, doigts tendus. Tirez alors les
épaules en arrière, en les abaissant.
Inspirez. Écartez les pieds de 1 mètre
environ. Soulevez le bassin
et la colonne vertébrale.

Ne contractez pas la gorge

*Tournez le buste
vers la droite*

3 Rentrez légèrement
le pied gauche, faites
pivoter la jambe droite
à 90°. Tournez le buste vers
la jambe droite. L'axe des
hanches est perpendiculaire
à la jambe. Le pubis, le
nombril et le sternum sont
tournés vers la droite. Si le
haut du dos est assez souple,
renversez la tête en arrière.
Respirez plusieurs fois dans
la posture.

*Étirez le bas
et le haut du dos*

*Contractez l'extérieur
des hanches et avancez
le coccyx et le sacrum*

*Ouvrez la
jambe à 90°*

Rentrez le pied à 60°

FACILITER L'ÉTIREMENT

● Si les épaules et le haut du dos sont très raides, essayez cette position des bras à l'étape 1.

● La colonne vertébrale doit s'étirer autant du côté gauche que du côté droit, mais c'est impossible si la rotation à droite du buste est imparfaite. Pour y remédier, étirez-vous en vous tenant à une chaise robuste

● Si vos muscles tendineux sont raides, à l'étape 4, vous aurez mal derrière le genou avant. Assouplissez en vous étirant à l'aide d'une chaise posée contre un mur.

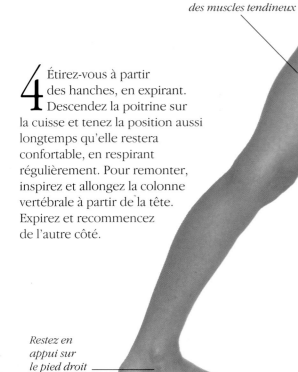

Sentez l'étirement des muscles tendineux

4 Étirez-vous à partir des hanches, en expirant. Descendez la poitrine sur la cuisse et tenez la position aussi longtemps qu'elle restera confortable, en respirant régulièrement. Pour remonter, inspirez et allongez la colonne vertébrale à partir de la tête. Expirez et recommencez de l'autre côté.

Plus votre tête sera basse et plus la posture sera facile à tenir

Restez en appui sur le pied droit

S'assouplir

NOUS ADMIRONS LA GRÂCE des danseurs et leur facilité apparente à accomplir toutes sortes de mouvements, dépassant de loin la mobilité du commun des mortels. Nous passons beaucoup de temps assis – en voiture, devant la télévision – ou debout devant des machines, et notre souplesse se détériore beaucoup plus que nous l'imaginons. Aujourd'hui, la raideur des hanches et des genoux, l'atrophie des paravertébraux et des abdominaux, les dos voûtés et les épaules arrondies sont des problèmes très fréquents. L'étirement des hanches et l'amélioration du champ de rotation externe des cuisses assouplit l'ensemble du corps, en améliorant la tenue et la mobilité.

ÉTIREMENT DES HANCHES

Couchez-vous sur le dos et restez un moment dans cette position pour laisser la pesanteur allonger naturellement les muscles tendineux. Pratiquez régulièrement cet excellent étirement, qui permet aussi d'assouplir le bas du dos et d'étirer les muscles des hanches, en augmentant la mobilité de ces zones essentielles.

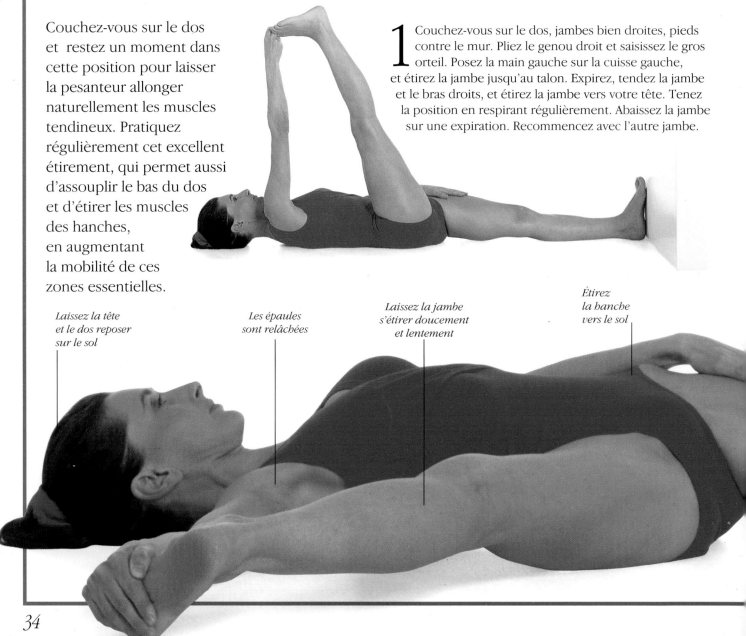

1 Couchez-vous sur le dos, jambes bien droites, pieds contre le mur. Pliez le genou droit et saisissez le gros orteil. Posez la main gauche sur la cuisse gauche, et étirez la jambe jusqu'au talon. Expirez, tendez la jambe et le bras droits, et étirez la jambe vers votre tête. Tenez la position en respirant régulièrement. Abaissez la jambe sur une expiration. Recommencez avec l'autre jambe.

Laissez la tête et le dos reposer sur le sol

Les épaules sont relâchées

Laissez la jambe s'étirer doucement et lentement

Étirez la hanche vers le sol

Bienfaits des étirements des hanches

● *Le fait de relâcher les ligaments et les muscles raidis, autour de l'articulation de la hanche, améliore la posture.*
● *L'étirement complet de la zone de l'aine contribue à rééquilibrer et assouplir la colonne vertébrale.*
● *L'ouverture de l'aine améliore la circulation sanguine entre les jambes et le buste, au profit de l'arrivée du sang au cœur.*
● *La reconquête de la mobilité des hanches améliore beaucoup la souplesse du corps, surtout du bas du dos.*

FACILITER L'ÉTIREMENT

● Si, à cause de la raideur des muscles tendineux de la jambe levée, vous avez du mal à attraper votre pied, passez une ceinture derrière la voûte plantaire.
● Si le haut de votre dos est trop raide, placez une couverture pliée sous le cou et la nuque. Ne forcez pas sur la jambe, mais laissez-la s'étirer naturellement.

● L'intérieur de vos cuisses est trop raide ? Allongez-vous parallèlement à un mur, à une jambe de distance. Sans décoller le pied du sol, ouvrez la jambe située du côté du mur, jusqu'à ce que le pied touche ce dernier. Ne forcez pas. Maintenez le côté opposé du buste sur le sol. Recommencez de l'autre côté.

2 Levez la jambe comme à l'étape 1, tendez-la, puis ouvrez le pied vers l'extérieur. Sur une expiration, descendez la jambe, toujours tendue, vers la droite. Le côté droit du corps reste plaqué au sol. Tenez la posture 30 à 60 secondes, en respirant normalement. Ramenez la jambe droite à la verticale, lâchez votre pied et recommencez de l'autre côté.

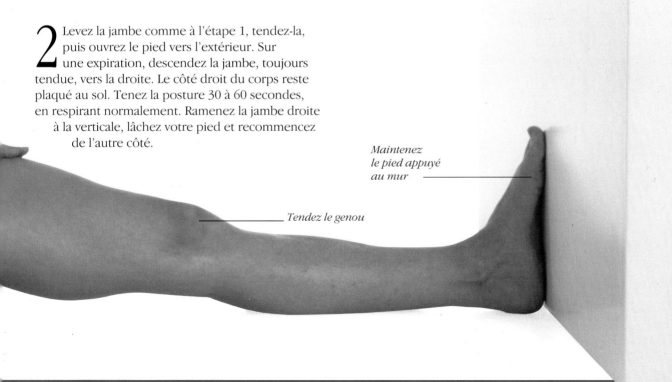

Maintenez le pied appuyé au mur

Tendez le genou

BIEN ÉTIRER LES HANCHES

Lorsqu'on s'assied par terre, une jambe étendue et l'autre pliée, il est souvent facile de faire reposer la cuisse sur le sol. Mais c'est beaucoup plus malaisé quand les deux jambes sont repliées, pieds face à face : les deux cuisses ne descendent pas, et il devient difficile de se tenir droit.

La pratique de l'étirement détente des hanches augmente beaucoup la souplesse des hanches et des genoux, et prépare à l'étirement complet, assis, dont la réalisation est d'ailleurs plus facile pour les femmes que pour les hommes (*voir* page 15).

ÉTIREMENT DÉTENTE DES HANCHES

Allongez-vous sur le dos et haussez les pieds à la hauteur des genoux en les posant sur des coussins bien fermes, le plus près possible des fesses. Laissez les cuisses se détendre dans l'ouverture, pendant 5 à 10 minutes, en respirant doucement et très régulièrement. Lorsque les genoux sont plus bas que les pieds, ôtez l'un des coussins et détendez à nouveau.

Laissez tomber les cuisses vers le sol

Les pieds reposent sur des coussins

Soutenez la tête, le cou et le dos

FACILITER L'ÉTIREMENT

● Si vous trouvez la position assise inconfortable, ou si dans cette posture les genoux vous font mal, asseyez-vous sur une couverture, et disposez un ou deux coussins bien fermes – ou des couvertures pliées – sous vos fesses. Laissez ensuite reculer vos ischions et concentrez-vous pour vous redresser à partir du bas du dos.

● Asseyez-vous le dos bien droit, les genoux joints. Allongez bien les pieds et ouvrez les mollets vers l'extérieur, pour vous asseoir sur les ischions, entre vos pieds.

● Calez-vous sur des coussins, et passez une ceinture derrière les hanches, puis autour des pieds. Tirez les pieds vers l'aine, serrez la ceinture. Redressez-vous.

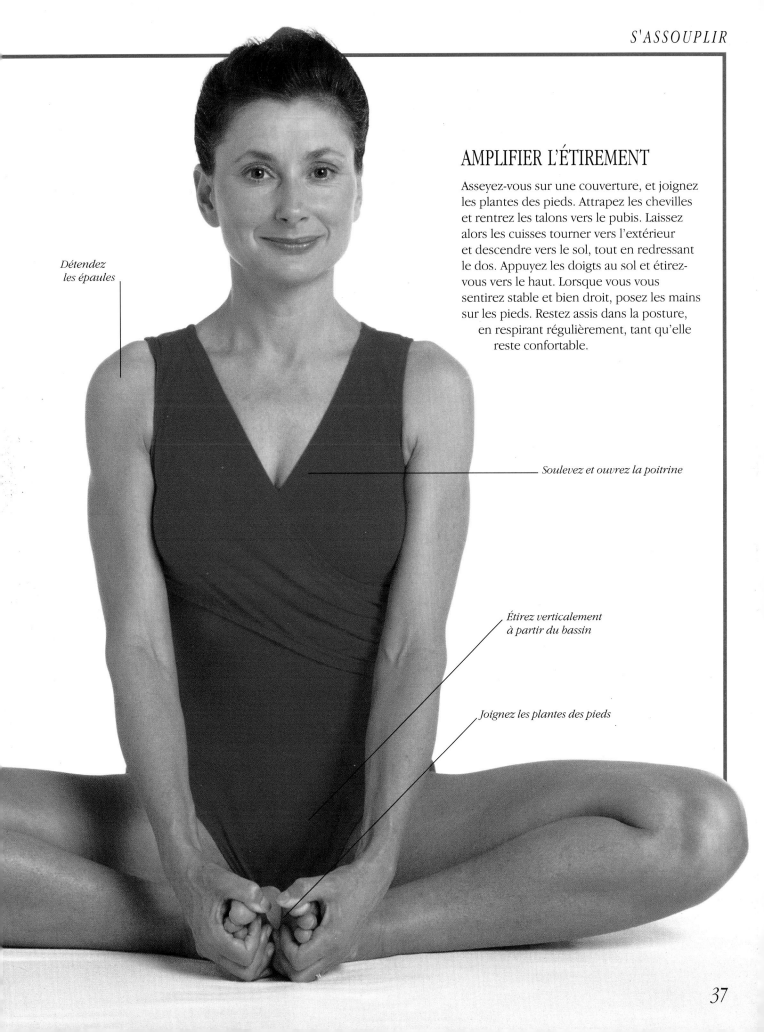

AMPLIFIER L'ÉTIREMENT

Asseyez-vous sur une couverture, et joignez les plantes des pieds. Attrapez les chevilles et rentrez les talons vers le pubis. Laissez alors les cuisses tourner vers l'extérieur et descendre vers le sol, tout en redressant le dos. Appuyez les doigts au sol et étirez-vous vers le haut. Lorsque vous vous sentirez stable et bien droit, posez les mains sur les pieds. Restez assis dans la posture, en respirant régulièrement, tant qu'elle reste confortable.

Détendez les épaules

Soulevez et ouvrez la poitrine

Étirez verticalement à partir du bassin

Joignez les plantes des pieds

ÉTIREMENT COMPLET

Tenir longuement cette posture, excellent étirement de tout le corps, permet d'effacer la fatigue. L'exercice étire les muscles tendineux, situés derrière les cuisses, allonge les muscles spinaux, détend les épaules crispées, et permet également, par la relaxation de la nuque et la diminution de la fatigue, de soulager certains maux de tête. Pratiquez toujours cet étirement sur une surface non glissante.

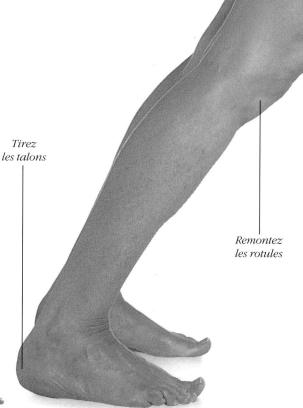

1 Mettez-vous à quatre pattes, les mains séparées par la largeur des épaules, paumes et doigts bien étirés. Les genoux et les pieds sont dans l'alignement des hanches, et les pieds sont en appui sur les orteils. Le bassin est relevé, et les reins légèrement cambrés.

Reculez les fémurs

2 Expirez. Soulevez le bassin en tendant les jambes. Restez en appui sur les orteils, talons et tête levés. Inspirez. Expirez lentement en étirant les talons et la tête vers le bas, tout en maintenant les hanches levées.

Tirez les talons

Remontez les rotules

Pour un bon étirement de la colonne vertébrale, les pieds doivent être assez loin des mains

3 Étirez la colonne vertébrale vers les hanches, rentrez les omoplates dans l'arrière de la cage thoracique, et étirez les mains et les bras, toujours écartés. Relâchez le cou et les épaules. Alignez bien la tête dans le prolongement de la colonne vertébrale, entre les bras, mais sans pousser vers le sol. Tenez la position 30 à 60 secondes, ou plus longtemps.

Étirez harmonieusement la colonne vertébrale

Élargissez les épaules

Détendez le cou et le visage

Étirez l'intérieur du bras et les doigts

FACILITER L'ÉTIREMENT

● Si vous souffrez d'une raideur chronique des muscles tendineux, problème fréquent chez l'homme, pliez les genoux et étirez le bas de la colonne vertébrale.

● En cas de raideur des épaules, posez les mains sur les blocs et allongez le haut de la colonne vertébrale. Placez les blocs contre un mur.

● Si vos muscles tendineux sont raides, posez les talons sur des blocs. Levez les ischions et remontez les cuisses. Le bas du dos sera plus facile à étirer.

● Si vous êtes fatigué, posez le front sur un bloc ou un coussin assez dur. Maintenez le cou allongé et détendu. Si le bloc est trop haut, le cou sera comprimé.

Flexion avant

SOUVENT, POUR FLÉCHIR le corps en avant, nous plions la taille et comprimons la partie antérieure du corps. Cela peut entraîner une tension des ligaments, raidir le bas du dos et infliger une pression aux disques vertébraux. Pour s'étirer en avant sans risques, il faut assouplir les hanches et les muscles tendineux, point de départ du mouvement. Lorsqu'on incline la colonne vertébrale vers l'avant, les muscles tendineux s'allongent, les hanches s'étirent, et le bassin pivote sur les têtes des fémurs. L'allongement du bas du dos, qui amène doucement le buste vers les cuisses, vient ensuite.

ÉTIREMENT AVANT

Se pencher en avant à partir des hanches, en position debout, permet à la pesanteur d'étirer les muscles de la colonne vertébrale. On peut utiliser cet étirement, idéal contre les tensions dorsales, comme détente entre deux étirements debout.

Faites pivoter le bassin

Maintenez pieds et hanches alignés

Bienfaits de la flexion avant

● *Assouplissement de la colonne vertébrale, des hanches et des muscles tendineux.*
● *Meilleur tonus des muscles et organes abdominaux.*
● *La circulation s'améliore dans les reins, et l'élimination des toxines est facilitée.*
● *Le nerf sciatique, notre plus gros nerf, s'allonge. Le risque de sciatiques diminue.*
● *Tenir la position pendant plusieurs minutes détend le cerveau.*
● *La flexion en avant, bras détendus, est très relaxante.*

1 Mettez-vous debout, les pieds joints, jambes tendues. Levez les bras au-dessus de la tête et étirez-vous. Respirez. Sur une expiration, amenez les mains vers les hanches, en maintenant l'extension de votre colonne vertébrale. Étirez-vous en avant à partir des hanches, en conservant la concavité de la colonne vertébrale, la tête dans l'axe. Posez les mains à côté des pieds.

FACILITER L'ÉTIREMENT

● Si vos muscles tendineux sont trop tendus, le bas du dos trop raide, ou si vous avez des étourdissements, mettez-vous debout, pieds parallèles, à l'aplomb des hanches, et étirez-vous. Fléchissez vers l'avant en vous allongeant, et posez les mains sur le dossier d'une chaise placée contre un mur (ou sur le mur lui-même). Respirez normalement.

Ouvrez les aisselles

2 Respirez à une ou deux reprises. Continuez de fléchir à partir des hanches, et, les coudes pliés, allongez le buste vers le bas. Détendez la nuque et laissez vos mains reposer derrière les pieds. Tenez la posture en respirant doucement. Inspirez, allongez le buste en avant, expirez et redressez-vous.

Répartissez le poids sur toute la surface des pieds

FLEXION DÉTENTE

La flexion en avant du buste, en position assise, évacue la fatigue, calme l'esprit et oxygène le cerveau de ceux qui souffrent de surmenage. Lorsque le buste s'incline à partir des hanches, les jambes s'étirent et la colonne vertébrale s'allonge. Lorsqu'il repose sur les cuisses, le souffle s'apaise. Si vous êtes souple, restez jusqu'à 5 minutes dans la posture.

1 Asseyez-vous jambes tendues, les mains posées à côté des hanches. Prenez appui sur le sol, soulevez le bassin et reposez les fesses sur les ischions. Soulevez la colonne vertébrale, avancez le sacrum et soulevez l'arrière de la cage thoracique. Rentrez les omoplates et ouvrez la poitrine. Respirez deux fois dans la posture.

FACILITER L'ÉTIREMENT

Au lieu d'essayer à tout prix d'amener la tête vers les jambes, travaillez l'étirement

● Si vos muscles tendineux sont raides et puissants, les genoux plieront pendant l'étirement vers l'avant, et vous arrondirez le dos pour essayer d'attraper vos pieds. Pour éviter cela, asseyez-vous sur une couverture pliée, passez une ceinture derrière les pieds, et étirez depuis le bas de la colonne vertébrale.

● Lorsque vous fléchissez pour allonger la colonne vertébrale, reposez la poitrine sur un coussin ou sur un traversin.

● Si votre bassin présente une inclinaison latérale, ou si vous avez une scoliose, faites appel à un professeur expérimenté.

2 Étirez en avant, à partir des hanches. Attrapez vos pieds. Éloignez l'avant du corps de votre pubis et allongez la nuque. Expirez. Tirez la colonne vertébrale vers l'avant, jusqu'à ce que la poitrine repose sur les cuisses, et la tête sur les tibias. Derrière les pieds, attrapez un poignet avec l'autre main, et tenez la posture 30 à 60 secondes. Remontez sur une inspiration.

Poussez l'extérieur des hanches vers l'arrière

Allongez doucement depuis la base de la colonne vertébrale

Appuyez l'arrière des genoux contre le sol

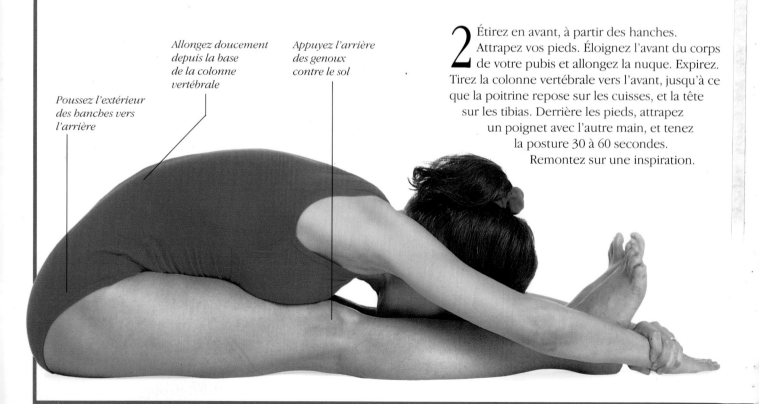

ÉTIRER LES MUSCLES TENDINEUX

Cet exercice, qui assouplit les muscles tendineux, permet également de les allonger. Cet étirement donne la souplesse indispensable aux flexions avant et arrière.

1 Asseyez-vous sur une couverture, les jambes tendues, les mains juste derrière les hanches, le buste bien droit. Repliez la jambe droite, en ramenant le talon près du pubis. La jambe gauche reste droite, la cuisse reposant sur le sol. Étirez la colonne vertébrale. Penchez légèrement en arrière pour relever le bas du dos.

FACILITER L'ÉTIREMENT

● Si vos muscles tendineux sont très raides, vous ne pourrez pas attraper votre pied sans arrondir le dos et malmener la colonne vertébrale. Asseyez-vous sur une couverture pliée serré et attrapez le pied avec une ceinture.
● Pour soulager la colonne vertébrale, reposez le buste sur un traversin (*voir* page 96).
● Si vous avez un problème au genou, n'allongez pas trop la jambe, et reposez l'arrière du genou sur un coussin.

2 Fléchissez à partir de la hanche droite et attrapez le pied gauche avec la main droite, en tournant le côté droit du buste vers la jambe gauche. Laissez la main gauche rejoindre la droite. Inspirez et redressez-vous, en creusant le bas du dos. Détendez les épaules et le cou.

3 Expirez. Allongez le buste le long de la cuisse gauche. Reposez l'abdomen, puis la poitrine, et enfin posez la tête sur les tibias. Attrapez le poignet droit de la main gauche. Tenez la posture jusqu'à ce qu'elle devienne inconfortable, en respirant sans tensions. Expirez. Recommencez de l'autre côté.

Attrapez le poignet derrière le pied

OUVERTURE DES CUISSES

Cet étirement accélère la circulation dans la région du bassin. Chez la femme, il stimule les ovaires et régule le cycle menstruel. Pour basculer le bassin, il faut allonger l'intérieur des cuisses et étirer le bas du dos et les fesses. Cela prend du temps. Soyez patient.

1 Asseyez-vous sur le sol, jambes écartées au maximum, mais sans forcer. Le poids est de cette façon harmonieusement réparti sur les deux ischions. Appuyez-vous sur vos deux mains placées derrière les hanches, et étirez la colonne vertébrale.

Ne tirez pas avec les mains

2 A partir des hanches, étirez-vous en avant et attrapez vos pieds. Les jambes restent droites, talons tendus. Continuez à étirer la colonne vertébrale vers le sol, en maintenant le devant du corps en extension. Pour éviter une surtension à l'intérieur des cuisses, ne laissez pas les cuisses et les pieds pivoter vers l'intérieur.

Détendez les épaules

FACILITER L'ÉTIREMENT

● Si vous êtes obligé de courber le dos pour attraper vos pieds, essayez cet étirement, car il est bien plus important de garder le dos droit que d'attraper ses pieds. Ne forcez jamais pour descendre vers le sol, surtout si le mouvement tire sur l'intérieur des genoux, ou si vous devez vous courber pour attraper vos pieds. Asseyez-vous sur des couvertures pliées très serré, attrapez chaque pied avec une ceinture et redressez-vous.

*Passez une ceinture
à chaque pied
et redressez-vous*

● Pour descendre plus bas, aidez-vous en laissant reposer le buste sur un traversin, assez épais pour que vous soyez à l'aise. Il vaut mieux habituer le buste à se baisser très graduellement, sans obliger la tête à descendre à tout prix, au détriment du cou.

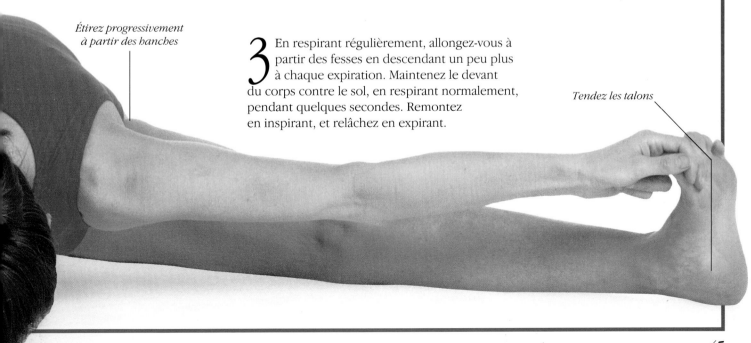

*Étirez progressivement
à partir des hanches*

3 En respirant régulièrement, allongez-vous à partir des fesses en descendant un peu plus à chaque expiration. Maintenez le devant du corps contre le sol, en respirant normalement, pendant quelques secondes. Remontez en inspirant, et relâchez en expirant.

Tendez les talons

Retrouver sa vitalité

LES ÉTIREMENTS RENVERSÉS sont bénéfiques pour tout le monde, mais ils sont particulièrement efficaces pour les gens sédentaires, parce qu'ils atténuent la raideur des épaules et du cou, améliorent la circulation et stimulent la vitalité. La chandelle, posture classique du yoga, amène le grand calme, par son effet tranquillisant sur un cerveau agité et des nerfs tendus. Ces exercices sont spécialement recommandés après une journée difficile.

LA CHANDELLE

Dès les premières séances, incorporez à votre programme cet étirement apaisant et revitalisant. Il vous faudra peut-être un certain temps avant de le faire parfaitement, mais ses bienfaits valent quelques semaines de patience. Si vous avez des kilos en trop, des raideurs dans le haut du dos, ou si vous êtes débutant, essayez l'étirement de la page 48, moins difficile.

Bienfaits des étirements renversés

Les positions renversées inversent l'action de la pesanteur sur le corps. Cela présente les avantages suivants :

● *L'architecture musculaire est dépendante de la pesanteur. Lorsque le corps n'est pas dans son axe, cela nuit aux muscles et aux organes internes. Le fait d'avoir la tête en bas permet à la pesanteur de repositionner les muscles et de réduire leurs tensions.*

● *La circulation sanguine est ainsi stimulée et le drainage lymphatique s'améliore. Les cellules de la peau et des muscles sont mieux alimentées, et l'élimination est plus efficace.*

● *La pesanteur fait affluer plus de sang au cerveau, pour un effort minimal, d'où une relaxation mentale.*

● *L'inversion du corps permet de lutter contre la raideur et la fatigue des jambes et des pieds.*

● *L'allongement de la partie supérieure de la colonne vertébrale et l'ouverture de la cage thoracique améliorent la respiration.*

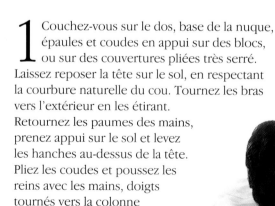

1 Couchez-vous sur le dos, base de la nuque, épaules et coudes en appui sur des blocs, ou sur des couvertures pliées très serré. Laissez reposer la tête sur le sol, en respectant la courbure naturelle du cou. Tournez les bras vers l'extérieur en les étirant. Retournez les paumes des mains, prenez appui sur le sol et levez les hanches au-dessus de la tête. Pliez les coudes et poussez les reins avec les mains, doigts tournés vers la colonne vertébrale.

Étirez les pieds

2 Soulevez les hanches et les jambes.
Descendez les mains vers les omoplates.
Soulevez l'arrière de la cage thoracique.
Étirez verticalement le buste, les hanches
et les jambes. Le corps est parfaitement droit.
Tenez la posture 5 à 10 minutes, en respirant
normalement, jusqu'à ce qu'elle devienne
inconfortable. Pour revenir, pliez les genoux
en continuant de soutenir le dos. Posez
les mains au sol puis déroulez la colonne
vertébrale. Revenez en position de départ.

Surveillez l'axe du corps, des chevilles aux épaules

UN EXERCICE DÉCONSEILLÉ…

● pendant les règles ;
● lorsque vous souffrez d'une otite ;
● lorsque votre tension est trop forte.
● Si vous souffrez du cou, ou si vous avez des ennuis de santé, consultez un médecin, et travaillez avec un professeur de yoga qualifié.

Étirez les jambes

Soulevez le bassin

Avancez le coccyx

Repoussez le poids du corps à partir du cou

Faites travailler les fessiers et l'intérieur des cuisses

Avancez la poitrine vers le menton

Détendez les yeux, la gorge et les oreilles

Prenez appui sur la couverture avec l'extérieur des bras

Rentrez les coudes

Pratiquez l'exercice sur des couvertures pliées très serré, ou sur des blocs tapissés d'une couverture

LA CHANDELLE

FACILITER L'ÉTIREMENT

1 Asseyez-vous perpendiculairement au mur, les hanches le plus près possible de la paroi. Basculez en arrière, les hanches toujours proches du mur, et mettez-vous dans la position de la page 46 : nuque et coudes sur la couverture, jambes parallèles au mur.

2 Pliez les jambes et, sur une expiration, appuyez les plantes des pieds tout contre la paroi. Soulevez les hanches, en soutenant votre dos avec les mains. Rapprochez les coudes et déplacez le poids vers les épaules, en soulevant la colonne vertébrale.

3 Montez les pieds le long du mur, en respirant normalement. Ne forcez pas. Redescendez en déposant doucement les hanches sur le sol. Détendez alors la colonne vertébrale pendant quelques instants.

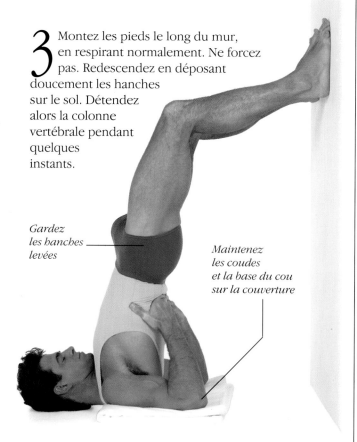

Gardez les hanches levées

Maintenez les coudes et la base du cou sur la couverture

● Lorsque vous faites la chandelle (page 46), le cou est perpendiculaire au buste. Soyez prudent si les muscles du cou sont faibles, ou les vertèbres saillantes. Par sécurité, ajoutez des couvertures de manière à surélever le corps d'au moins 10 centimètres. Reliez le haut des bras par une ceinture large, pour les maintenir dans l'alignement des épaules. Cela remontera le haut du buste et soulagera le cou.

● Pendant les règles, pratiquez cette variante plus confortable : allongez-vous sur le dos, le bassin près du mur, les bras étirés à partir des épaules. Ouvrez les jambes et laissez-les se détendre.

● N'essayez pas de faire la chandelle trop près du bord des couvertures. Vous risqueriez de basculer en arrière.
● Si vous sentez une pression anormale aux oreilles et aux yeux, ou si votre gorge se contracte, essayez les étapes 1 et 2 de l'étirement ci-dessus, mais en plaçant des traversins bien fermes contre le mur. Commencez en éloignant les hanches du mur, lorsque vous basculez. Détendez-vous, sur les traversins (*voir* page 97).

ÉTIREMENT COMPLET

Lorsque vous maîtriserez bien LA CHANDELLE, vous pourrez parvenir à l'étape suivante, en passant les jambes par-dessus la tête jusqu'à reposer les pieds au sol. N'essayez pas de forcer, et n'oubliez jamais d'étirer la colonne vertébrale.

1 Enchaînez sur la position finale de la chandelle (page 47). Expirez et faites basculer les jambes par-dessus la tête (en pliant éventuellement les genoux si la tension est trop forte), jusqu'à poser les pieds au sol. Soulevez la colonne vertébrale, en la soutenant avec les mains. Tendez les jambes et étirez l'extérieur des hanches. Tenez la position pendant quelques minutes, en respirant normalement.

2 Maintenez l'étirement de la colonne vertébrale. Détendez-vous dans la position pendant plusieurs minutes, tout en respirant doucement. Si vous vous sentez à l'aise, étirez les bras derrière la tête. Pour ramener les jambes, prenez appui sur le sol avec les paumes des mains, et déroulez lentement la colonne vertébrale.

FACILITER L'ÉTIREMENT

● Si vous sentez une tension à la gorge, au visage ou aux yeux, c'est que vos pieds sont descendus trop vite. Lors de la bascule, faites reposer les pieds sur une chaise ou sur une pile de livres. Détendez-vous quelques instants dans cette position. Pliez les genoux. Descendez les jambes.

● Si vos muscles tendineux sont trop raides, placez une chaise près des épaules. Faites LA CHANDELLE (pages 46 et 47). Expirez et reposez les cuisses sur la chaise. Détendez-vous 5 minutes dans cette position, en respirant normalement.

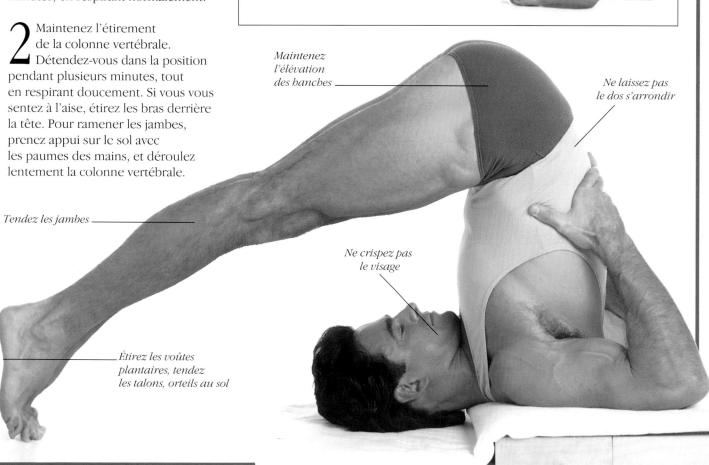

Maintenez l'élévation des hanches

Ne laissez pas le dos s'arrondir

Tendez les jambes

Ne crispez pas le visage

Étirez les voûtes plantaires, tendez les talons, orteils au sol

Torsion latérale

POUR LA PLUPART D'ENTRE NOUS, la torsion latérale est un mouvement inhabituel. Elle soulage pourtant des migraines et renforce la colonne vertébrale en détendant les muscles et en améliorant l'irrigation des disques et des nerfs. Pour ne prendre aucun risque, commencez par le bassin et jouez sur toutes les courbes de l'épine dorsale, car une rotation par les épaules et la cage thoracique amène une tension du bas du dos. Si vous souffrez d'une déformation de la colonne vertébrale, travaillez avec un professeur de yoga qualifié, ou consultez un ostéopathe ou un chiropracteur.

Bienfaits des torsions latérales

● *Les problèmes de cou résultent souvent de raideurs au niveau des épaules et des paravertébraux supérieurs. Les torsions assouplissent cette zone.*
● *Les torsions combattent la constipation. En faisant pression sur les viscères, elles améliorent la digestion et stimulent les intestins paresseux.*
● *Les torsions atténuent la rigidité de la cage thoracique. Les flexions et les étirements sont facilités.*
● *Ces mouvements diminuent la pression sur les disques intervertébraux et atténuent la raideur du bas de la colonne vertébrale.*
● *Les torsions debout permettent de se tenir droit et de bouger correctement la colonne vertébrale. En atténuant la pression sur le bas du dos, elles permettent au bassin de pivoter plus facilement.*

AMPLIFIER L'ÉTIREMENT

Allongez-vous comme à l'étape 1, mais en tendant la jambe gauche. Expirez. Basculez genou et pied droits sur la gauche, jusqu'au sol si possible. Posez la main gauche sur le genou droit. Tenez la position 30 secondes, en respirant régulièrement. Recommencez de l'autre côté.

TORSION LÉGÈRE

Cet étirement très apaisant, particulièrement efficace contre la migraine, est une bonne préparation aux grandes torsions latérales.

1 Allongez-vous sur une couverture, les bras étirés au niveau des épaules. Repliez les jambes vers l'abdomen, en maintenant la colonne vertébrale au contact du sol.

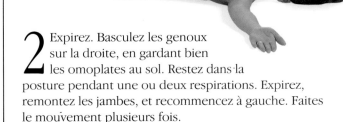

2 Expirez. Basculez les genoux sur la droite, en gardant bien les omoplates au sol. Restez dans la posture pendant une ou deux respirations. Expirez, remontez les jambes, et recommencez à gauche. Faites le mouvement plusieurs fois.

Maintenez l'omoplate plaquée au sol

Pour un meilleur étirement, regardez le plafond

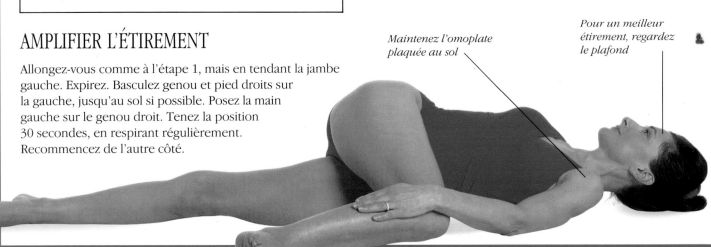

TORSION DEBOUT

Cet exercice de torsion est particulièrement conseillé en cas de douleurs dans le bas du dos. Faites-le lorsque vous êtes à l'aise dans l'étirement latéral expliqué pages 26 et 27, car l'élongation du bas du dos obtenue par la torsion exige une certaine souplesse des muscles tendineux et des hanches. Ce sera plus facile en posant un bloc près du pied droit, lors de l'étape 1.

1 Écartez les pieds de 1 mètre environ et tendez les bras à l'horizontale, paumes vers le bas. Rentrez légèrement le pied gauche et ouvrez le pied droit à 90°. Alignez le talon droit sur la voûte gauche.

2 Expirez, pivotez à partir des hanches, et amenez le bras gauche au-dessus du pied droit. Lorsque la hanche gauche avance, la cuisse droite recule. Maintenez bien de chaque côté l'équidistance entre le bassin et les côtes.

Faites pivoter le bassin vers la gauche

Maintenez la tête dans l'axe du corps

Ouvrez le plus possible ce côté du buste

3 Étirez le bras gauche vers le bloc, et tendez le bras droit dans l'alignement des épaules. Profitez de l'étirement des bras pour ouvrir la poitrine et pour écarter les omoplates. Tenez pendant environ 20 secondes, en respirant très régulièrement. Recommencez de l'autre côté.

ROTATION, ASSIS

Une raideur des muscles tendineux peut entraîner une tension excessive lors de vos déplacements, et même empêcher la torsion du corps : ils tirent le bassin en arrière, entraînent l'effondrement du bas du dos et l'affaissement des épaules vers l'avant. Si vous êtes concerné par ce problème, entraînez-vous avec une chaise.

1 Asseyez-vous de profil, la hanche gauche contre le dossier. Étirez les pieds à plat sur le sol (ou sur un bloc s'ils ne touchent pas le sol). Redressez le buste.

2 Sur une expiration, pivotez le buste en vous tenant au dossier. Poussez contre la chaise avec la main gauche et tournez le côté droit de la colonne vertébrale à partir du bassin. Étirez-vous verticalement, épaules détendues, et regardez par-dessus votre épaule pendant 20 à 30 secondes. Revenez sur une expiration, puis recommencez de l'autre côté.

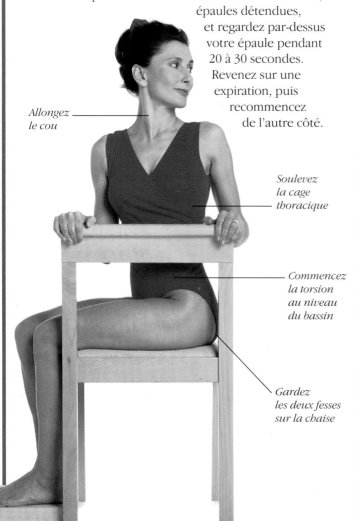

Allongez le cou

Soulevez la cage thoracique

Commencez la torsion au niveau du bassin

Gardez les deux fesses sur la chaise

DEBOUT, AVEC CHAISE

Cet étirement soulage les muscles spinaux et permet de combattre les migraines. Choisissez une chaise assez solide, ou un autre meuble, mais pas trop haut. Si le siège de la chaise est trop bas, rajoutez quelques blocs.

1 Tenez-vous debout devant la chaise et posez le pied gauche sur le siège, sans élever la hanche gauche. Posez ensuite les mains sur les hanches et étirez le buste à partir du coccyx.

2 Amenez le bras droit contre l'extérieur de la cuisse gauche. Sur une expiration, faites pivoter le bas du dos le plus loin possible, en soulevant la cage thoracique et en étirant bien le haut de la colonne vertébrale. Allongez le cou. Tenez la position pendant 30 secondes. Étirez à chaque inspiration ; tournez à chaque expiration.

Allongez le cou

TORSION LATÉRALE COMPLÈTE

La torsion latérale assise est plus difficile que la torsion latérale debout, mais ses effets sont plus importants et ses bienfaits de loin bien supérieurs. En pratiquant cet étirement plusieurs fois de chaque côté, vous améliorerez votre souplesse latérale. Cet exercice contribue à éliminer la graisse encombrant la taille et accélère l'élimination des déchets par le côlon. Si vous êtes très enveloppé, ne ramenez pas trop le pied. Penchez-vous plus en arrière sur les mains et amplifiez l'élévation du bas du dos lors de la torsion.

1 Asseyez-vous au bord d'une couverture pliée. Ramenez la jambe droite, en rapprochant le pied de la fesse. Étirez les deux bras en arrière et posez les doigts au sol. Étirez le dos verticalement et faites passer le bras gauche vers l'extérieur du genou replié. Expirez, en tournant le buste vers la droite.

2 Rapprochez l'épaule gauche du genou droit et pliez le coude. En poussant sur l'extérieur du genou, accentuez la torsion tout en redressant le buste. Regardez pendant 15 à 30 secondes par-dessus votre épaule, en respirant normalement. Recommencez de l'autre côté.

Ne rejetez pas la tête en arrière

A chaque expiration, tournez un peu plus les épaules, la cage thoracique et l'abdomen. Étirez le buste.

AMPLIFIER L'ÉTIREMENT

Après l'étape 2, tendez le bras gauche. Faites-le pivoter le plus possible dans le sens des aiguilles d'une montre et, sur une expiration, repliez l'avant-bras derrière le tibia. Avec la main droite, attrapez derrière le dos la main ou le poignet gauche. En prenant appui sur le pied droit, reculez la hanche droite pour mieux tourner le buste. Recommencez de l'autre côté.

Appuyez bien le pied au sol

Étirez la jambe gauche

Souplesse de la colonne vertébrale

MALGRÉ L'EFFET RAJEUNISSANT et énergétique des étirements en arrière, nous les négligeons souvent. De nombreuses activités, assises ou debout, conduisent à l'affaissement du corps. Il faut apprendre à se redresser. Il y a deux sortes d'étirements en arrière : les exercices de consolidation, et les grands étirements, qui nécessitent un bon tonus musculaire et de la souplesse. N'essayez pas si vous êtes enceinte, pendant les règles, si vous souffrez d'hypertension ou de problèmes vertébraux.

Bienfaits des étirements en arrière

- *La souplesse de la colonne vertébrale améliore la vitalité.*
- *Un bon étirement en arrière élimine les douleurs et fortifie.*
- *Les étirements en arrière libèrent les énergies.*

ÉTIREMENTS EN ARRIÈRE : MODE D'EMPLOI

Quel que soit votre niveau de souplesse, il est plus facile de fléchir le corps là où les résistances sont les plus faibles (reins ou bien nuque). Mais cela peut entraîner des lésions ou détériorations des disques intervertébraux. Lors des étirements en arrière, il faut allonger toutes les courbures de la colonne vertébrale en un bel arc, pour une répartition harmonieuse de l'effort sur chaque vertèbre. Le bas du dos peut s'étirer doucement, car on agit sur le haut du dos et des hanches, et non en pliant les reins.

Allongez les vertèbres cervicales en tirant la base du crâne

Dégagez les omoplates de la nuque

Étirez en arrière la longue courbure dorsale

Allongez les lombaires

Basculez le bassin en arrière

Ouvrez l'aine

Fléchissez les pieds

Détendez le visage, les yeux et la gorge, et respirez profondément

Allongez les talons

Les pieds, les jambes et les cuisses sont la base d'un bon étirement en arrière

Étirez les fesses en arrière, à partir des reins

FORTIFIER LE DOS

Les étirements qui suivent permettent d'échauffer la colonne vertébrale. Le premier, en renforçant les muscles spinaux et tendineux, assure un bon soutien de la colonne vertébrale lors des flexions arrière, et permet de soulager quelques douleurs du bas du dos. N'exagérez pas la cambrure des reins et répartissez bien l'étirement. Si le bas du dos est trop raide, et si vous avez du mal à soulever les jambes, essayez l'étirement simplifié.

1 Allongez-vous à plat ventre, hanches et bassin en appui sur une couverture, bras le long du corps, paumes vers le ciel. Étirez les jambes en arrière en rentrant légèrement l'avant des cuisses vers l'intérieur. Pieds et jambes jointes, prenez solidement appui sur les cuisses, le pubis et le dessus des pieds, pour étirer les jambes. Contractez légèrement les fesses.

2 Inspirez doucement. Sur une expiration, soulevez les jambes et étirez la colonne vertébrale, en montant la tête et les épaules. Étirez les bras vers l'arrière, jusqu'au bout des doigts. Tenez la position en respirant normalement, puis redescendez sur une expiration. Recommencez l'exercice deux ou trois fois.

Tendez les talons

Étirez jusqu'au bout des doigts

Utilisez les triceps

Allongez la nuque

FACILITER L'ÉTIREMENT

1 Roulez une serviette en boudin de 15 centimètres de diamètre. Allongez-vous à plat ventre sur une couverture et glissez la serviette sous vos cuisses. Étirez les jambes l'une après l'autre, et tirez les bras en arrière, paumes vers le haut.

2 Inspirez. Sur l'expiration, soulevez la tête et les épaules, et levez les cuisses. Étirez-vous en arrière, des épaules jusqu'au bout des doigts. Tenez la position pendant plusieurs respirations, et relâchez sur une expiration.

REDRESSEMENT

L'étirement en arrière, considéré comme une prouesse de danseur ou de gymnaste, paraît impossible à beaucoup d'entre nous. Dans cet exercice préparatoire, l'appui sur les pieds, les jambes et les bras va permettre à la colonne vertébrale de se cambrer doucement.

Allongez vers l'avant, à partir du haut du dos

1 Allongez-vous à plat ventre. Posez les mains au niveau de la poitrine, à plat sur les paumes, doigts en avant. Étirez les jambes à partir des fesses, en écartant légèrement.

2 Contractez les fessiers, puis, sur une expiration, poussez sur les mains et le dessus des pieds, en tendant les bras et en soulevant le buste et les jambes. Cambrez la colonne vertébrale et descendez le bassin. Tendez le cou. Tenez la position pendant quelques secondes, en respirant normalement. Expirez et redescendez en pliant les bras.

« Repoussez » le sol pour donner plus de puissance à l'étirement du haut du dos

Répartissez votre poids sur le dessus des pieds et sur les mains

GRAND ÉTIREMENT DU DOS

Ce puissant étirement vous préparera aux exercices plus difficiles des pages suivantes. En étirant, respirez doucement. Ne succombez pas à la tentation de retenir votre souffle. Cet étirement assouplit le haut du dos et facilite le GRAND ÉTIREMENT ARRIÈRE (pages 62-63).

FACILITER L'ÉTIREMENT

● A l'issue de l'étirement, restez allongé quelques instants. Posez les mains au niveau des épaules et agenouillez-vous en repoussant le buste vers l'arrière. Posez les fesses sur les talons et étirez les bras devant vous. Cet exercice détend la colonne vertébrale.

1 Allongez-vous à plat ventre, sur une couverture pour protéger les saillies du bassin. Étirez les deux jambes, genoux dans l'écartement des hanches, et attrapez vos chevilles. En appuyant au sol les cuisses et le pubis, réduisez la cambrure lombaire. Inspirez.

2 Expirez à fond, et soulevez les genoux. Tirez les deux jambes vers le haut. Étirez les épaules en arrière. Rentrez la partie supérieure de la colonne vertébrale. Soulevez les tibias. Tenez la position pendant 20 secondes, en respirant normalement. Si vous êtes assez souple, levez la tête. Revenez, puis lâchez les jambes.

Laissez les jambes tirer sur les bras, et les bras soulever les jambes

Restez en équilibre sur l'abdomen, et respirez doucement

ÉTIREMENTS DU BAS DU DOS ET DE LA CUISSE

Pour faciliter les grands étirements qui vont suivre, pratiquez ces étirements simples, qui allongent la colonne vertébrale et font basculer le bassin. Cela évitera de forcer au niveau des reins. Le premier exercice ouvre l'aine et étire les quadriceps.

AMPLIFIER L'ÉTIREMENT

Pour accentuer l'étirement de l'aine et de la cuisse : après l'étape 2, tenez le pied arrière à deux mains et ramenez le talon vers la fesse, tout en soulevant et en allongeant la cuisse avant, pendant 10 secondes. Recommencez de l'autre côté.

1 Agenouillez-vous, puis levez l'un des deux genoux et posez le pied au sol. Stabilisez-vous en posant les mains sur le genou avant. Positionnez le pied avant sur l'axe médian du corps, tibia vertical et buste bien droit.

2 Mains sur les hanches, soulevez et reculez l'avant du bassin. Étirez la cuisse arrière en avant. Tenez la position pendant 10 à 15 secondes, en respirant librement. Faites l'exercice deux fois de chaque côté.

Maintenez le buste droit

Soulevez le bassin

Laissez descendre la cuisse vers le sol

ÉTIREMENT DU BASSIN

Ces deux étirements, qui facilitent la cambrure de la colonne vertébrale, constituent une préparation aux étirements plus poussés. Ils sont aussi indispensables pour rectifier une courbure lombaire exagérée (*voir* page 17), pour travailler la zone du sacrum et amplifier la capacité d'étirement arrière au niveau de la courbure dorsale. Cela facilite la flexion et soulage la région lombaire.

Étirez-vous horizontalement sur une table basse, en protégeant vos épaules au moyen d'une couverture roulée. Étirez les omoplates en direction des reins, les fesses et les jambes vers les talons. L'un après l'autre, étirez les bras derrière la tête, à partir des épaules. Tenez la position jusqu'à 5 minutes, en respirant normalement. Pour revenir, ramenez les bras le long du corps avant de remonter la tête.

FACILITER L'ÉTIREMENT

● Allongez-vous de manière à reposer sur la table jusqu'au bassin. Lors de l'étirement, laissez reposer les épaules sur une pile de coussins ou de couvertures préparée à l'avance. Étirez le bas du dos, les fesses, et les jambes jusqu'aux talons. Tenez la position jusqu'à 5 minutes, en respirant normalement. Pliez les genoux et faites glisser les hanches sur les coussins.

Ouvrez la poitrine

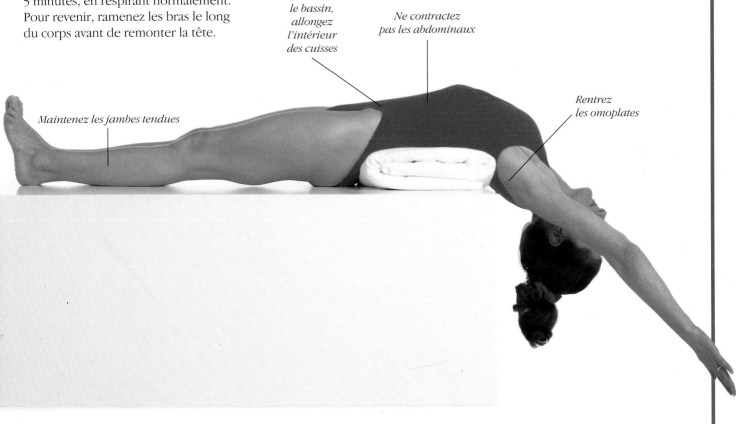

Pour faire travailler le bassin, allongez l'intérieur des cuisses

Ne contractez pas les abdominaux

Rentrez les omoplates

Maintenez les jambes tendues

FLEXION ARRIÈRE

Non seulement ce puissant étirement en arrière tonifie l'ensemble de la colonne vertébrale, en assouplissant le bas du dos, mais il ouvre la poitrine et permet de dégager les côtes, ce qui améliore donc aisance et amplitude respiratoires. Il prépare le corps au GRAND ÉTIREMENT ARRIÈRE (pages 62 et 63).

FACILITER L'ÉTIREMENT

● Si votre gorge est trop tendue quand votre tête bascule en arrière, gardez cette dernière levée.

● Si vos pieds vous paraissent trop éloignés lorsque vous incurvez le dos, ou si vous ne pouvez attraper vos talons sans que vos fesses s'affaissent, posez les mains sur deux blocs non glissants placés de part et d'autre des mollets. Ne laissez pas tomber la tête en arrière.

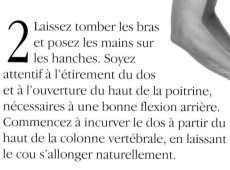

Posez les mains sur deux blocs

Gardez la tête dans l'alignement de la colonne vertébrale

Soulevez les côtes

1 Agenouillez-vous, cuisses à la verticale. Hanches, genoux, jambes et pieds sont dans le même écartement. Vérifiez bien l'alignement des deux genoux. Étirez les bras au-dessus de la tête, tout en soulevant l'arrière de la cage thoracique et le haut de la colonne vertébrale.

Maintenez les cuisses verticales

2 Laissez tomber les bras et posez les mains sur les hanches. Soyez attentif à l'étirement du dos et à l'ouverture du haut de la poitrine, nécessaires à une bonne flexion arrière. Commencez à incurver le dos à partir du haut de la colonne vertébrale, en laissant le cou s'allonger naturellement.

*Détendez
le visage*

*Ouvrez
la poitrine*

*Soulevez le haut
de la colonne
vertébrale*

Avancez le bassin

Soulevez les cuisses

*Ancrez solidement
les pieds au sol*

3 Allongez les bras
et essayez alors
d'attraper vos pieds,
en fonction de votre souplesse.
Avancez le bassin, de manière
à positionner les hanches
à la verticale des genoux.
Travaillez en tirant – et non
en poussant – sur les cuisses,
et ouvrez l'aine. Laissez
doucement tomber la tête en
arrière, en détendant la gorge.
Tenez 20 à 30 secondes,
en respirant régulièrement.
Relevez la tête, puis lâchez
les deux mains. Asseyez-
vous sur vos talons.
Recommencez deux
ou trois fois de
suite.

GRAND ÉTIREMENT ARRIÈRE

Cet étirement libère l'énergie de toutes
les cellules du corps et de tous les organes.
Ne l'essayez qu'après avoir acquis suffisamment
de force et de souplesse en pratiquant tous
les étirements de base, et cela toujours après
un échauffement (*voir* pages 58 et 59). Équilibrez
votre corps par quelques torsions (pages 50 à 53)
et des flexions avant (pages 40
à 45), avant la relaxation.

*Ne contractez
pas le bas du dos*

*Étirez les aisselles
et les omoplates*

*Détendez le visage
et la gorge*

1 Allongez-vous sur le dos, sur une surface
non glissante, jambes pliées, pieds parallèles,
écartés de la largeur des hanches. Rapprochez
les talons des fesses. Repliez les bras et posez
les mains à plat derrière les épaules, doigts pointés
vers les pieds.

*Tendez
les coudes*

3 En prenant appui sur les pieds,
soulevez les hanches et le buste.
Tendez les bras. Ouvrez bien
la poitrine. En gardant les pieds
parallèles, étirez les fesses à partir
des reins. Soulevez le coccyx, le
sacrum et les lombaires. Faites pivoter
les cuisses vers l'intérieur. Respirez
régulièrement. Éloignez les pieds
des mains. Pliez les bras
et descendez
doucement.
Détendez-vous,
les genoux sur le buste.
Recommencez cinq ou six fois.

2 Inspirez profondément en vous détendant.
Sur l'expiration, soulevez les hanches, le buste
et la nuque, puis posez le sommet du crâne au
sol. Gardez les bras parallèles, de manière à étirer
pleinement les épaules lorsque vous arrondissez
la colonne vertébrale. Tout en expirant, soulevez
épaules et sacrum.

*Tirez sur les paumes
des mains et les doigts*

Étirez la région de l'aine

Tendez bien les bras et étirez les aisselles

Allongez les fesses à partir des reins

Faites pivoter les cuisses vers l'intérieur

Poussez sur l'intérieur du talon

AMPLIFIER L'ÉTIREMENT

Lorsque vous serez assez souple, levez les talons. Rapprochez les pieds des mains, bassin très haut, bras tendus. Étirez le haut du dos, descendez les talons, comprimez les muscles anaux et cambrez toute la colonne vertébrale.

FACILITER L'ÉTIREMENT

● Si vos épaules sont raides, utilisez des blocs alignés contre le mur, et attachez vos coudes.
● Travaillez de la même façon les deux côtés du corps. Gardez les pieds alignés et parallèles. Demandez à quelqu'un de vérifier l'horizontalité du bassin. Vous apprendrez peu à peu à sentir les faiblesses et à les corriger.
● Une compression du cou peut parfois donner des étourdissements et des nausées. Incurvez bien le haut du dos et allongez le cou.
● Si vous êtes large d'épaules, augmentez l'écart entre les mains et entre les pieds.

Un apaisement nerveux

ON PEUT SE CHANGER LES IDÉES en regardant
la télévision, en lisant ou en écoutant
de la musique, mais on n'obtiendra un vrai
repos physique, mental et émotionnel qu'en
faisant une relaxation complète. Même
lorsqu'elle ne dure que quelques minutes
par jour, les bienfaits de la relaxation sont
considérables. La tension et le stress ont
une action chimique au niveau musculaire,
qui se manifeste par certaines douleurs.
Lorsque nous nous sentons fatigués, tendus
et nerveux, nous sommes plus sensibles aux
problèmes quotidiens. Une relaxation complète
supprime les tensions musculaires passagères.
Mais, au fil des séances, cette pratique élimine
des tensions profondes et anciennes, inscrites

à la faveur de stress et d'émotions fortes,
et qui, à la longue, ont déséquilibré le corps.
Ce dernier est en effet un véritable témoin
de notre vécu.
Ainsi, lorsque nous libérons les tensions
du plexus solaire, des sentiments refoulés
refont surface ; en laissant cours à nos
émotions profondes, nous apprenons
à retrouver le chemin de la paix intérieure.
La relaxation sera facilitée par l'apprentissage
d'une respiration profonde, qui implique
une concentration sur le rythme respiratoire.
Pratiquée le matin, la respiration profonde
donne au corps et à l'esprit l'énergie dont
nous avons besoin pendant toute la journée.
En la complétant, le soir, par une relaxation,

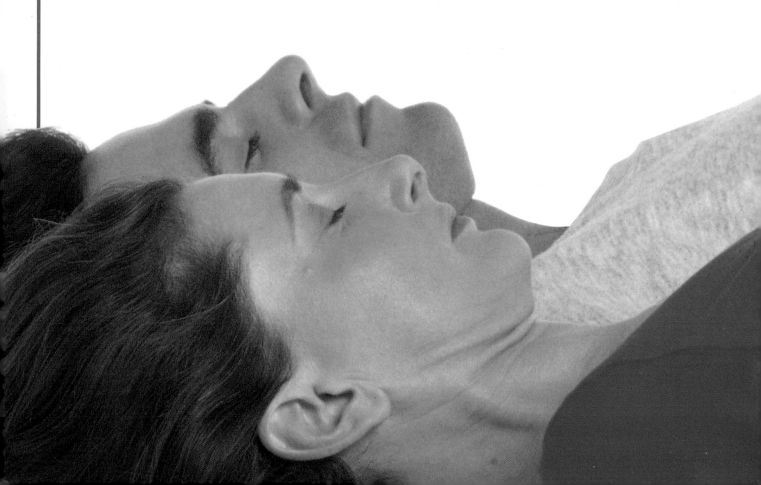

nous effaçons les tensions de la journée,
et nous retrouvons une véritable quiétude
intérieure.

Il est nécessaire, pour accéder naturellement
à une meilleure concentration, d'inclure dans
vos séances de stretching quelques instants
de respiration. Lorsque nous nous étirons,
notre colonne vertébrale se renforce,
et notre rythme respiratoire se régule
automatiquement. Plus les étirements sont
difficiles, plus nous développons notre force
et améliorons l'élasticité des muscles
intercostaux et du diaphragme. C'est
un élément déterminant de notre quête
de vitalité, et de notre apprentissage
d'une respiration détendue.

Bienfaits de la relaxation corporelle

● *Le fait de se détendre et de vivre quelques instants
d'une totale tranquillité restaure notre énergie vitale
et améliore notre qualité de vie.*
● *La relaxation stimule la circulation sanguine
et régularise la pression sanguine.*
● *Une profonde relaxation s'accompagne de
changements bénéfiques, sur les plans physique
et psychique, qui permettent de retrouver la santé.*
● *La résistance physique et mentale s'améliore.*
● *Une profonde relaxation stimule l'hémisphère
droit du cerveau, qui gère toute notre capacité
d'adaptation et notre créativité. Ce sont des qualités
indispensables à une vie réussie et à des relations
avec autrui satisfaisantes.*

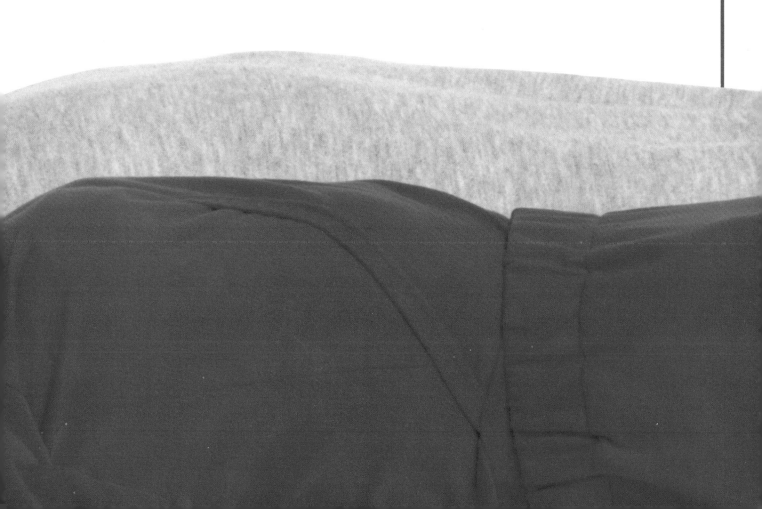

RELAXATION PROFONDE

Il peut sembler a priori difficile de libérer les tensions, mais, en s'armant de patience, on progresse très vite. Avant de commencer, retirez vos lunettes ou vos lentilles de contact, et mettez des vêtements chauds et confortables. Choisissez un endroit tranquille. Après une séance de stretching, faites une relaxation de 5 minutes. Sinon, consacrez-y 15 minutes. Une fois par semaine, faites une séance de 30 minutes, surtout si vous vous sentez très tendu. Ne vous relaxez jamais en plein soleil : cela diminue l'énergie vitale.

1 Allongez-vous sur une couverture. S'il fait froid, couvrez-vous d'une autre couverture. Mettez-vous bien droit. Une mauvaise position risque d'empêcher la relaxation. Avec les mains, étirez les fesses vers les talons. Laisser tomber les reins, et se détendre le bassin.

2 Étirez la colonne vertébrale jusqu'au sommet de la tête, et relâchez les vertèbres cervicales. Si c'est peu confortable, placez un petit coussin sous la nuque et la tête. Laissez alors légèrement descendre le menton. Ne contractez pas la gorge ni la mâchoire.

3 Étirez le dos des bras vers les coudes, et laissez aller librement les avant-bras, paumes vers le haut. Soulevez légèrement la cage thoracique. Descendez les omoplates. Laissez tomber les épaules.

4 Fermez doucement les paupières. Expirez et détendez-vous en laissant les pieds, les jambes et l'ensemble du corps se relâcher sur le sol. Respirez tranquillement et laissez votre cerveau se calmer.

5 Détendez le visage et sentez la peau se relâcher. Laissez battre vos paupières : c'est le signe d'une agitation cérébrale. Pour calmer le visage et le cerveau, allongez la nuque. Regardez vers le bas.

6 Respirez doucement, bouche fermée et en rythme. Pour améliorer la relaxation, essayez d'augmenter progressivement la durée de vos expirations. Savourez le sentiment de paix profonde qui gagne votre esprit – c'est la clé du bonheur.

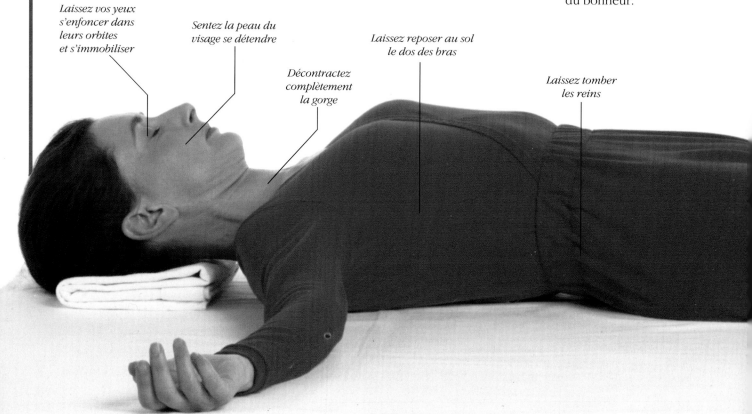

Laissez vos yeux s'enfoncer dans leurs orbites et s'immobiliser

Sentez la peau du visage se détendre

Décontractez complètement la gorge

Laissez reposer au sol le dos des bras

Laissez tomber les reins

FACILITER LA RELAXATION

● Si vous n'êtes pas à l'aise sur le dos, agenouillez-vous, un coussin entre les fesses et les talons. Étirez-vous en laissant reposer le buste sur d'autres coussins, mais sans décoller les fesses. Laissez le corps se détendre.

● Si vous souffrez de problèmes respiratoires, appuyez le haut du corps sur des coussins ou sur des couvertures pliées. Mais prenez garde de ne pas laisser votre poitrine se creuser. En vous masquant les yeux, vous pourrez vous relaxer plus profondément.

● Si vous avez tendance à être trop cambré lorsque vous vous allongez sur le dos, placez une couverture roulée sous les genoux pour atténuer la cambrure et faciliter la détente de la colonne vertébrale. Votre tête et votre cou auront peut-être besoin d'un soutien.

Détendez les jambes

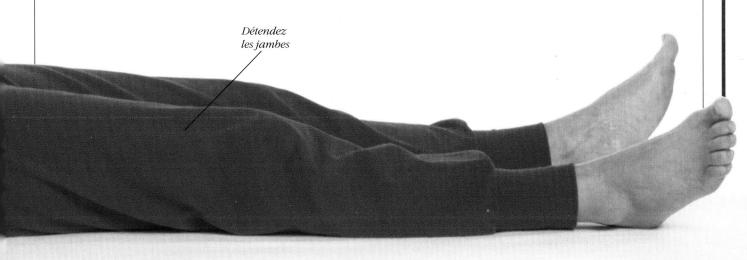

Souffle et vitalité

NOUS APPRÉCIONS TOUS DE RESPIRER profondément, pendant une promenade au grand air. Mais il est encore plus satisfaisant de se concentrer sur sa respiration : nous absorbons de l'énergie, et notre corps est revitalisé. Il vaut donc mieux s'installer dans une pièce assez bien aérée, pratiquer le matin ou le soir et être à jeun. Si vous êtes nerveux, irritable ou épuisé, faites d'abord une relaxation profonde. Toute personne en bonne santé peut s'exercer à retenir sa respiration un court instant. Mais pour ceux dont la pression artérielle est élevée, ou qui ont des problèmes de cœur – entre autres –, mieux vaut s'en remettre à un bon professeur.

Bienfaits de la respiration profonde

- *Elle nourrit tissus, nerfs, glandes et organes.*
- *Une bonne oxygénation entretient les os, les dents et les cheveux.*
- *La respiration profonde désintoxique le sang en éliminant l'excès d'acide urique, et améliore le métabolisme.*
- *La respiration profonde régule l'appétit en calmant les nerfs et en régénérant l'énergie vitale.*
- *La pratique quotidienne du stretching avant de commencer les exercices respiratoires fortifie la colonne vertébrale et la rend plus souple, tout en améliorant l'élasticité des muscles intercostaux et du diaphragme. Ces progrès contribuent à la régulation du rythme respiratoire.*

RESPIRATION SUR LE DOS

Pendant quelques semaines, essayez d'augmenter la durée de votre respiration et de respirer par le nez. Peu à peu, votre cerveau se calmera et s'habituera à une respiration profonde et concentrée. Ce nouveau souffle deviendra naturel.

Allongez-vous sur une couverture, la colonne vertébrale soutenue par d'épais coussins. Si votre tête part en arrière, soutenez-la avec un autre coussin. Détendez-vous complètement. Attendez que votre respiration se soit apaisée et que la cage thoracique monte et descende sans à-coups. Concentrez-vous sur cette respiration ample et profonde pendant 5 à 10 minutes. Retirez les coussins et détendez-vous à même le sol. Pliez les jambes, basculez sur le côté et relevez-vous.

Laissez les épaules et les bras se détendre

Utilisez votre diaphragme : n'exagérez pas l'ouverture des côtes

APPROFONDIR LA RESPIRATION

Asseyez-vous en tailleur ou essayez d'autres postures (*voir* ci-contre). Étirez la colonne vertébrale, ouvrez la poitrine, baissez la tête et fermez les yeux. Respirez normalement et allongez progressivement le rythme, sans forcer. Commencez par inspirer profondément en expirant comme d'habitude, puis inspirez normalement, en expirant longuement. Si vous êtes faible, si votre tension est basse ou si vous ne pouvez rester assis, allongez-vous.

1 Expirez. Inspirez profondément par le nez. Laissez votre cage thoracique se soulever et s'ouvrir. Ne forcez pas. L'inspiration doit être lente et augmenter très progressivement.

2 Inspirez avec l'abdomen, en étirant la colonne vertébrale. Votre cage thoracique va s'ouvrir latéralement, et le diaphragme descendre. Maintenez l'étirement du dos, abaissez les omoplates et décontractez la nuque et la gorge. Conservez l'ouverture du thorax.

3 Expirez lentement, en contrôlant le souffle d'air, sans laisser la poitrine et la colonne vertébrale s'affaisser. Respirez normalement. Après 5 à 10 minutes de respiration profonde, allongez-vous pour vous relaxer.

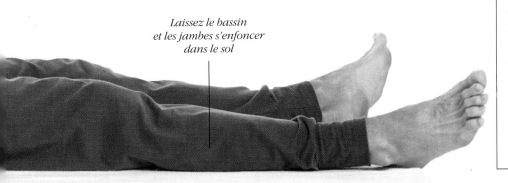

Laissez le bassin et les jambes s'enfoncer dans le sol

AUTRES POSITIONS

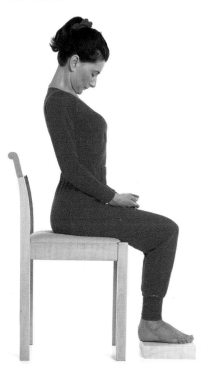

● Si vous avez des problèmes de genoux, asseyez-vous sur une chaise, les cuisses bien à plat sur le siège. Si nécessaire, mettez des blocs sous vos pieds. Ne vous adossez pas, mais redressez la colonne vertébrale. Détendez les épaules et ouvrez la poitrine.
● Vous pouvez également vous asseoir sur le sol, entre vos pieds (*voir* page 36), et placer des coussins sous vos fesses pour être à l'aise. Le dos droit et les épaules détendues, répartissez votre poids sur les deux fesses. Soulevez le bassin et posez les mains sur les genoux. Étirez la colonne vertébrale, la nuque ; détendez la gorge et fermez les yeux.

Programme de base

CE PROGRAMME, A RESPECTER pendant vos dix premières semaines de stretching, va vous permettre de fortifier l'ensemble du corps, quels que soient votre âge et votre souplesse.

PRÉPARATION

Jusqu'à 5 minutes

Commencez doucement, avec une respiration fluide et détendue. Reportez-vous aux pages indiquées pour étudier les différentes postures. Pratiquez tous ces exercices dès la première semaine.

1 SE TENIR DROIT
Voir *pages 22 et 23.*
Tenir pendant 60 secondes.

ENCHAINEMENT

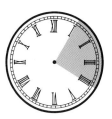

15 minutes

Chaque semaine, incluez de nouveaux étirements. On peut remplacer chaque posture par sa version simplifiée (*voir* Faciliter l'étirement). Consacrez le même temps à chaque côté du corps. Entre les postures debout, relaxez-vous par une flexion avant, bras détendus.

1 GRAND ÉTIREMENT
Voir *pages 28 et 29.*
Dès la 1re semaine.

2 GRAND ÉTIREMENT VERTICAL
Voir *pages 30 et 31.*
Dès la 1re semaine.

6 TORSION DEBOUT
Voir *page 51. Dès la 5e semaine.*

RELAXATION

10 minutes

Après les étirements, il est important de se relaxer. Choisissez votre posture.

2 ÉTIREMENT COMPLET
Voir *page 49. Tenir pendant 2 minutes. Dès la 3e semaine.*

1 LA CHANDELLE
Voir *pages 46 et 47. Tenir pendant 3 minutes. Dès la 3e semaine.*

2 ÉTIREMENT VERTICAL
Voir *page 24.*
Tenir pendant
60 secondes.

3 ÉTIREMENT LATÉRAL
Voir *pages 26 et 27.*
Tenir 60 secondes
de chaque côté.

3 GRAND ÉTIREMENT
Voir *étape 1, page 28.*
Dès la 2e semaine.

4 LONG ÉTIREMENT
DORSAL
Voir *étape 3, page 32.*
Dès la 2e semaine.

5 LONG ÉTIREMENT
DORSAL
Voir *pages 32 et 33.*
Dès la 2e semaine.

7 ÉTIREMENT VERTICAL, ASSIS
Voir *page 25.*
Dès la 6e semaine.

8 ÉTIREMENT ASSIS
Voir *Amplifier*
l'étirement, page 25.
Dès la 7e semaine.

9 ÉTIREMENT EN ARRIÈRE
Voir *page 55.*
Dès la 9e semaine.

3 RELAXATION PROFONDE
Voir *pages 66 et 67.*
Tenir pendant 5 minutes.
Dès la 1re semaine.

Programme intermédiaire

DE LA 10ᵉ À LA 20ᵉ SEMAINE, si vous vous sentez à l'aise dans votre programme de base, vous pouvez aborder ces séances. La durée des étirements est donnée à titre indicatif.

Essayez chaque posture à votre rythme, sans jamais chercher à forcer. Le cas échéant, suivez scrupuleusement les conseils donnés dans FACILITER L'ÉTIREMENT.

PRÉPARATION

7 minutes

Commencez par vous échauffer doucement. Si nécessaire, aidez-vous de ceintures, blocs, couvertures et autres accessoires.

1 ÉTIREMENT VERTICAL
Voir *Amplifier l'étirement*, *page 24. Tenir 60 secondes de chaque côté.*

ENCHAINEMENT

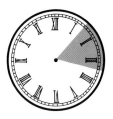

Jusqu'à 10 minutes

Vous pouvez à présent vous risquer – allez-y progressivement – à des étirements plus difficiles. Une à deux fois par semaine, consacrez une partie de votre programme aux étirements de base (*voir* pages précédentes).

1 ÉTIREMENT COMPLET
Voir *pages 38 et 39.*
Tenir pendant 60 secondes.

RELAXATION

13 minutes

Essayez de ne pas écourter votre relaxation. Si toutefois vous manquez de temps, choisissez l'un des trois premiers exercices (le premier de préférence), avant la relaxation.

1 TORSION LÉGÈRE
Voir *page 50.*
Tenir 30 secondes de chaque côté.

2 CHANDELLE
Voir *pages 46 et 47.*
Tenir pendant 5 minutes.

2 ÉTIREMENT LATÉRAL
Voir *pages 26 et 27.*
Tenir 60 secondes
de chaque côté.

3 TORSION DEBOUT
Voir *page 51.*
Tenir pendant
60 secondes
de chaque côté.

4 ÉTIREMENT AVANT
Voir *pages 40 et 41.*
Tenir pendant
60 secondes.

2 ÉTIREMENT EN ARRIÈRE
Voir *page 55. Tenir*
30 secondes, puis
recommencer.

3 GRAND ÉTIREMENT
ARRIÈRE
Voir *page 57. Tenir*
30 secondes, puis
recommencer.

4 TORSION COMPLÈTE
Voir *Amplifier*
l'étirement, page 53.
Tenir 30 à 60 secondes
de chaque côté.

5 ÉTIREMENT ASSIS
Voir *page 25. Tenir*
pendant 30 secondes.

6 ÉTIREMENT DES
MUSCLES TENDINEUX
Voir *page 43. Tenir*
pendant 60 secondes
de chaque
côté.

7 FLEXION DÉTENTE
Voir *page 42. Tenir*
pendant 2 à
3 minutes.

3 ÉTIREMENT COMPLET
Voir *page 49.*
Tenir pendant 2 minutes.

4 RELAXATION PROFONDE
Voir *pages 66 et 67.*
Tenir pendant 5 minutes.

73

Programme avancé

CE PROGRAMME EST BEAUCOUP PLUS DIFFICILE que les précédents. Il vous guidera de la 20ᵉ à la 30ᵉ semaine. Deux fois par semaine, revenez aux exercices des pages précédentes. Chaque semaine, apprenez de nouveaux étirements. Ne vous précipitez pas. Il vous faudra très probablement plus de trente semaines pour maîtriser GRAND ÉTIREMENT ARRIÈRE et OUVERTURE DES CUISSES.

PRÉPARATION

5 minutes environ

Si vous disposez de moins de 30 minutes, vous n'ajouterez à ces étirements préparatoires que ÉTIREMENTS DU BAS DU DOS ET DE LA CUISSE et GRAND ÉTIREMENT ARRIÈRE, et terminerez par les exercices de relaxation.

1 ÉTIREMENT DES HANCHES
Voir *l'étape 1, page 34.*
Tenir 30 à 60 secondes de chaque côté.

ENCHAINEMENT

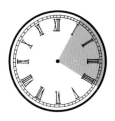

15 minutes

Ne vous sentez pas obligé de faire tous ces exercices dès le début. Augmentez progressivement leur nombre, jusqu'à être capable d'en faire six pendant les 15 minutes allouées.

1 ÉTIREMENT DU BASSIN
Voir *page 59.*

2 ÉTIREMENT DU BASSIN
Voir *Faciliter l'étirement, page 59.*

RELAXATION

10 à 15 minutes

Passez maintenant aux étirements de détente, avant de terminer la séance par la relaxation profonde.

1 DEBOUT, AVEC CHAISE
Voir *page 52. Tenir 30 secondes de chaque côté.*

2 FLEXION DÉTENTE
Voir *page 42. Tenir pendant 2 minutes.*

3 ÉTIREMENT DES HANCHES
Voir *Amplifier l'étirement,*
page 37.
Tenir 2 à 3 minutes.

2 ÉTIREMENT DES HANCHES
Voir *pages 34 et 35. Tenir*
pendant 30 à 60 secondes
de chaque côté.

3 ÉTIREMENTS DU BAS
DU DOS ET DE LA CUISSE
Voir *page 58.*
Tenir aussi longtemps
d'un côté
que de
l'autre.

4 ÉTIREMENTS DU BAS DU DOS
ET DE LA CUISSE
Voir *Amplifier l'étirement, page 58.*
Tenir aussi longtemps d'un côté
que de l'autre.

6 GRAND ÉTIREMENT ARRIÈRE
Voir *pages 62 et 63.*

5 FLEXION ARRIÈRE
Voir *pages 60 et 61.*

3 OUVERTURE DES CUISSES
Voir *pages 44 et 45. Tenir*
60 secondes.

4 ÉTIREMENT DÉTENTE
DES HANCHES
Voir *page 36. Tenir*
60 secondes.

5 APPROFONDIR LA RESPIRATION
Voir *page 69.*
Respirer pendant
5 minutes.

6 RELAXATION PROFONDE
Voir *pages 66 et 67.*
Jusqu'à la fin
de la séance.

3
EMBELLIR

Les corps « parfaits » sont rares.
Chacun a pourtant la possibilité de raffermir
ses muscles et d'améliorer son aspect général,
par un étirement approfondi des articulations
et une bonne décontraction nerveuse. Les séances
proposées dans ce chapitre privilégient quelques
zones sensibles. Ces étirements ont pour effet
de « sculpter » et de raffermir le corps.
Grâce à eux, vous respirerez la santé
et vous pétillerez de vitalité.

Mettre son corps en valeur

LA PERFECTION PHYSIQUE est exceptionnelle. Le stretching peut cependant embellir votre corps, en l'affinant et en affirmant son caractère. Votre allure générale est fonction de nombreux facteurs : type physique, sexe, fermeté musculaire, quantité de graisse et tenue. Nous sommes tous différents, mais nous voulons tous – les femmes en particulier – ressembler aux stéréotypes imposés par les médias.

Les étirements présentés dans ce chapitre amélioreront votre état de santé et d'esprit. C'est une façon de changer d'aspect aussi efficace que subtile. Rien à voir avec ces méthodes miracles, draconiennes, censées modifier le corps du jour au lendemain, qui font recette le temps d'une mode. Notre programme s'inspire du hatha yoga, dont l'efficacité n'est plus à démontrer après 3 500 ans d'existence. Cette discipline, qui fait également intervenir l'émotionnel et le mental, tient compte de la complexité des articulations et du système musculaire. Elle admet la lenteur nécessaire à tout changement, car le moindre petit muscle a besoin de temps pour s'ajuster.

Intégrez ces étirements à votre séance quotidienne. On ne peut en effet modifier l'aspect d'une partie du corps sans envisager un travail global. La discipline est la clé du changement, et l'aisance naît de la régularité. A tout âge, on s'émerveillera de constater les progrès obtenus : raffermissement musculaire, rajeunissement de l'allure générale, et aussi meilleure santé.

Chaque série aborde une zone à problèmes spécifique : visage et cou, épaules et torse, taille, cuisses et fesses, jambes et chevilles. La rubrique ÉTIREMENTS CONSEILLÉS renvoie à des exercices des chapitres précédents. Intégrez-les d'abord à votre entraînement quotidien, et ne passez aux mouvements plus spécifiques que lorsque vous les aurez maîtrisés.

Étirez les pieds, réduisez les bouffissures et améliorez votre tenue en pratiquant les étirements assis et à l'envers

Améliorez la circulation dans les jambes et combattez les varices en vous asseyant entre vos pieds et en vous penchant en avant

*Raffermissez
les muscles du bassin
pour obtenir un bon
soutien abdominal,
et chassez la graisse
des hanches*

*Raffermissez
les abdominaux
et éliminez la graisse
en allongeant
le bas du dos,
et en pratiquant
les torsions*

*Pour corriger
une silhouette voûtée,
détendez les épaules,
ouvrez la poitrine,
redressez le haut du dos*

*La relaxation détend les
muscles faciaux, accroît
la vivacité du regard
et ralentit
la formation
des rides*

*L'étirement
du haut du dos
redresse le torse*

*En insistant
sur le haut du dos,
les épaules et le cou,
on évite de devenir
bossu, et on atténue
l'affaissement du cou*

*En étirant la colonne
vertébrale (surtout
à l'envers) et en respirant
profondément, la circulation
sanguine et le drainage
lymphatique s'améliorent.
Cela profite à la peau et
combat la cellulite.*

*Grâce aux
étirements debout,
raffermissez
les cuisses,
en les redessinant
et en éliminant
la graisse*

Rajeunir son visage

RELEVER LE MENTON, tendre le cou et détendre le visage rajeunit efficacement et en douceur cette zone sensible du corps. La relaxation est sans aucun doute la manière la plus efficace de chasser cet air las et ces traits tirés qui nous vieillissent. Le stress, associé à une mauvaise alimentation, conduit à l'accumulation de toxines et de déchets dans le corps, affecte les sécrétions hormonales, et tous les produits de beauté du monde ne pourront rien à cela.

ÉTIREMENTS CONSEILLÉS

En arrière *Intégrez dans votre séance quotidienne les exercices des pages 55 à 59, plus simples, avant de faire les étirements de ces deux pages. Vous ne devez éprouver aucune tension dans la partie inférieure de la gorge. Le mouvement doit naître de l'élongation naturelle du haut de la colonne vertébrale et du cou.*

A l'envers *(pages 46 à 49) Ces étirements sont recommandés en fin de séance, juste avant la relaxation.*

Relaxation *Choisissez les postures les plus confortables des pages 64 à 69, et relaxez-vous 10 minutes par jour, ou bien essayez la flexion détente de la page 42.*

FORTIFIER LE COU

L'élongation en arrière est une excellente façon de fortifier la gorge et d'étirer les muscles sous-hyoïdiens, sous le cou. Elle permet à la pesanteur de relever les muscles faciaux et de stimuler la circulation. Essayez cet exercice après les flexions avant (pages 40 à 45) ou les étirements renversés (pages 46 à 49).

1 Asseyez-vous, genoux pliés et pieds à plat sur le sol. Posez les paumes des mains derrière les hanches, doigts pointés vers les pieds.

Maintenez les hanches levées

2 Expirez et soulevez les hanches, tout en tendant les bras. Appuyez bien les paumes sur le sol, en gardant les poignets dans l'alignement des épaules. Étirez doucement le cou et basculez la tête le plus loin possible en arrière, sans tirer sur la gorge. Tenez la position pendant 30 à 60 secondes, en respirant normalement.

3 Si vous le pouvez, tendez les jambes, sans baisser les hanches, et tenez pendant 30 à 60 secondes. Sur une expiration, pliez les coudes et les genoux, et ramenez les hanches au sol.

ÉTIREMENT DU COU

Si votre colonne vertébrale est suffisamment solide et souple, vous pouvez faire ce grand étirement, excellent pour la peau puisqu'il fait travailler les muscles faciaux et stimule la circulation dans la poitrine. Faites-le après les exercices des pages 54 à 56, mais, si vous débutez, contentez-vous de celui de la page 56.

1 Allongez-vous sur le ventre, jambes et pieds étirés. Posez les paumes des mains près des hanches, inspirez, soulevez le buste. Expirez, tendez les bras et incurvez la colonne vertébrale, en appliquant le pubis au sol.

2 Étirez la colonne vertébrale et l'arrière de la tête. Allongez-vous du sacrum au haut du dos. Tenez la position pendant 20 secondes, en respirant normalement. Sur une expiration, pliez les coudes et revenez. Recommencez deux ou trois fois.

Allongez le haut du dos tout en soulevant et en ouvrant la poitrine

LE POIRIER

Les étirements à l'envers sont excellents pour le teint, car ils stimulent la circulation de la gorge et du visage. N'essayez que si vous avez le haut du dos souple et les bras suffisamment puissants.

1 Posez les mains sur le sol, dans l'écartement des épaules (plus écartées si vos épaules sont raides), à 7 centimètres du mur environ, paumes et doigts à plat. Amenez la jambe gauche devant la droite. Tendez les bras, les coudes et les épaules. Déplacez le poids sur le pied gauche. Ouvrez la poitrine.

2 Poussez les hanches vers le mur (sans plier les coudes). Levez la jambe droite. Fléchissez le pied gauche et lancez la jambe droite, puis la gauche, vers le mur. Étirez-vous alors des poignets jusqu'aux pieds. Détendez le visage et le cou. Tenez le plus longtemps possible, puis redescendez les jambes sur une expiration.

Laissez le cou se détendre et sentez l'afflux de sang au visage

Ne relâchez pas les bras et tendez-les

Fortifier le haut du buste

DES ÉPAULES ARRONDIES, un dos bossu et une poitrine creusée n'ont rien d'esthétique. Mais en étirant les épaules, en libérant le haut du dos et en ouvrant la poitrine, on peut métamorphoser sa silhouette. Ces exercices sont aussi bénéfiques à l'homme qu'à la femme, mais chez la femme ils permettent en plus de remonter et de raffermir les seins, et de réduire une protubérance disgracieuse à la base de la nuque. Il est ainsi possible de remodeler son corps.

ÉTIREMENTS CONSEILLÉS

A l'envers *(pages 46 et 49) Ces exercices assouplissent le haut du dos et atténuent les « bosses ». Les chandelles allongent les muscles et alignent les vertèbres cervicales.*

En arrière *Faites les mouvements de consolidation (pages 55 à 59) pour allonger le haut du dos. Ne passez aux étirements plus puissants (pages 60 à 63) qu'au bout d'un certain temps. Pour remonter votre poitrine, pratiquez les étirements de ce chapitre dès les premières séances.*

Debout *Essayez l'étirement des pages 30 et 31. Pour renforcer les triceps, étirez vigoureusement l'arrière des bras.*

Torsions *(pages 50 à 53) Pour une meilleure ouverture de la cage thoracique, tirez les épaules en arrière et vers le bas lorsque vous joignez les mains.*

DÉGAGER LE HAUT DU DOS

Cet exercice agit sur les muscles entourant les seins. Faites-le lentement, assise ou debout, en vous concentrant sur une détente en profondeur des épaules, mais également sur la sensation progressive d'étirement du haut du dos.

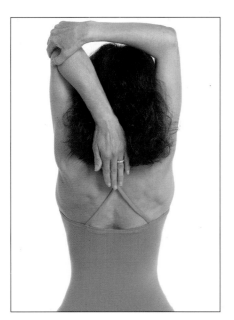  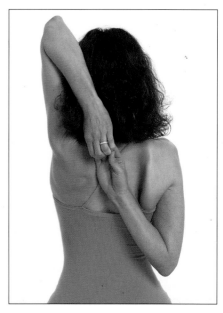

1 Mettez-vous debout, ou asseyez-vous entre vos pieds. Tendez les bras en l'air. Sur une expiration, laissez tomber la main gauche derrière la nuque, puis attrapez le coude avec la main droite et ramenez-le vers la tête. Respirez plusieurs fois dans la posture.

2 Ramenez le bras droit le long du corps et pliez le coude derrière le dos, en tournant la paume vers l'extérieur. Avec la main gauche, tirez le coude droit vers le bas et l'intérieur. Reculez l'épaule. Lorsque vous êtes bien étiré, recommencez de l'autre côté.

3 Laissez le bras droit en place et repliez le bras gauche comme à l'étape 1. Attrapez l'autre main. Faites alors rouler l'épaule droite en arrière, tout en étirant verticalement la colonne vertébrale. Tenez cette position pendant 30 secondes, en respirant profondément.

EXTENSION DES ÉPAULES

L'étirement complet des bras et l'élévation des épaules favorisent le développement des bras. Chez la femme, ce mouvement embellit les seins.

1 Agenouillez-vous sur une couverture, puis asseyez-vous sur un bloc recouvert d'une serviette. Entrelacez les doigts, pouce droit au-dessus. Tendez les bras horizontalement, paumes vers le ciel.

2 En expirant profondément, étirez bras et poignets au-dessus de la tête. Tenez la position 15 à 20 secondes, en respirant régulièrement. Baissez les bras sur une expiration. Entrelacez de nouveau les doigts, pouce gauche au-dessus, et recommencez.

Donnez de l'espace au diaphragme

LÉGER ÉTIREMENT ARRIÈRE

Cet exercice facilite la respiration et remodèle le corps en douceur. Il débloque le haut du dos, fait travailler les épaules et ouvre la cage thoracique.

Fléchissez à partir des hanches

Mettez-vous en position debout, pieds dans l'alignement des hanches. Entrelacez vos doigts, derrière le dos. Étirez les bras vers le haut, le plus loin possible. Fléchissez le buste sur une expiration. Laissez retomber les bras derrière la tête, sans forcer.

Laissez descendre les bras naturellement

EXTENSION DU HAUT DU DOS

L'étirement de la partie supérieure de la colonne vertébrale ouvre la poitrine et corrige une attitude voûtée. On se sent plus sûr de soi, et on respire mieux.

Assurez-vous que la couverture est roulée bien serré.

Allongez-vous, jambes tendues, une couverture roulée sous le haut du dos. Pliez les bras et, en vous appuyant sur les coudes, rentrez les omoplates, ouvrez le thorax et faites rouler les épaules en dehors de la couverture. Étirez les fesses. Reposez la tête et tendez les bras.

Dégager la taille

CES ÉTIREMENTS RAFFERMISSENT l'abdomen et font ressortir la taille, deux parties du corps particulièrement importantes sur le plan de l'esthétique, pour les deux sexes. La femme a proportionnellement plus de graisse que l'homme, mais, chez ce dernier, la taille et les hanches s'empâtent particulièrement (en se tenant mal, même les plus minces prendront du ventre). Les torsions éliminent efficacement ces bourrelets. En massant les organes internes, elles purifient le corps et chassent les déchets.

ÉTIREMENTS CONSEILLÉS

Torsions *(pages 50 à 53) Parfaites pour réduire la ceinture graisseuse autour de l'abdomen et stimuler intestins et foie paresseux. Désintoxiqué, le corps est en meilleure santé, et on gère mieux son poids.*
Étirements debout *(pages 22 à 24, 26 à 33) Le bassin revient en position normale, d'où un renforcement des abdominaux et une rectification de la lordose lombaire (voir page 17).*
Flexions avant *(pages 44 à 45) Ces exercices permettent de lutter contre les excès de poids dans la région abdominale.*
Flexions arrière *(page 54 à 63) Elles ont un effet amincissant sur la taille et l'abdomen.*

RAFFERMIR L'ABDOMEN

Cet étirement va tonifier vos abdominaux, en étirant l'un des côtés de l'abdomen pendant que l'autre fléchit.

Mettez-vous à genoux. Rentrez le coccyx et allongez le dessus des pieds. Tendez la jambe gauche sur le côté, talon dans l'alignement du genou droit. Tendez les bras à la hauteur des épaules. Sur une expiration, fléchissez le buste vers la gauche, en laissant aller le bras gauche. Étirez le bras droit à partir de la hanche droite, jusqu'au bout des doigts. Tenez quelques secondes, en respirant normalement. Revenez sur une inspiration. Expirez, puis recommencez de l'autre côté.

Étirez le bras au-dessus de la tête, à partir de la hanche

LÉGER ÉTIREMENT ABDOMINAL

Cet exercice est surtout recommandé après les étirements debout. Si vous n'arrivez pas à descendre entre vos pieds, asseyez-vous sur un coussin, entrelacez les doigts et étirez.

1 Asseyez-vous entre vos pieds, les fesses au sol. Sur une expiration, couchez-vous en arrière et mettez-vous en appui sur les coudes. Écartez-les ensuite pour allonger le buste sur le sol. Si c'est trop inconfortable, glissez un traversin sous la colonne vertébrale (*voir* page 99).

2 Étirez ou pliez les bras derrière la tête (*voir* page 99). Tenez la posture jusqu'à 5 minutes, sans écarter les genoux, en respirant normalement. Revenez en vous hissant sur les coudes et détendez les jambes.

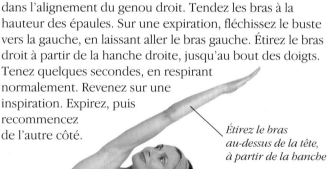

N'écartez pas les genoux

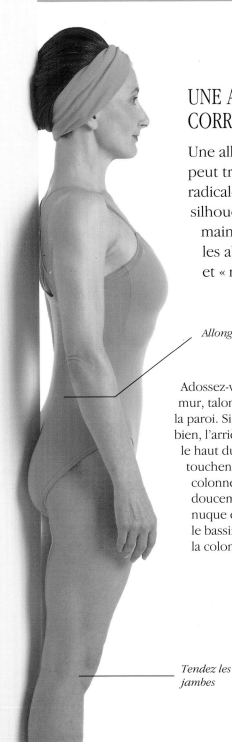

UNE ATTITUDE CORRECTE

Une allure jeune peut transformer radicalement la silhouette. Un bon maintien tonifie les abdominaux et « rentre » le ventre.

Allongez les reins

Adossez-vous à l'angle d'un mur, talons en contact avec la paroi. Si vous vous tenez bien, l'arrière de la tête, le haut du buste et le sacrum touchent le mur, et la colonne vertébrale s'incurve doucement au niveau de la nuque et de la taille. Gardez le bassin horizontal et étirez la colonne vertébrale.

Tendez les jambes

Les talons touchent le mur

GRAND ÉTIREMENT

Après l'étirement latéral, dans la série des étirements debout, essayez cet exercice, qui raffermit et rentre l'abdomen.

Pivotez à partir de la hanche gauche

1 Étirez-vous verticalement. Écartez largement les pieds et tendez les bras à l'horizontale. Rentrez le pied gauche et sortez le pied droit, en alignant le talon sur la voûte plantaire gauche. Pliez le genou droit à 90°. Soulevez le talon gauche. Pivotez à partir du bassin, en amenant le coude gauche au-dessus du genou plié.

2 Tendez le bras gauche et appuyez bien les doigts sur le sol, près du pied. Étirez le bras droit au-dessus de la tête, paume vers le bas, tout en étirant le pied gauche. Tenez la posture pendant 20 à 30 secondes, en respirant normalement. Revenez sur une inspiration. Recommencez de l'autre côté.

Des cuisses fermes

LES CUISSES MÉRITENT UNE ATTENTION particulière, surtout chez la femme, chez qui la cellulite est un véritable souci esthétique. On peut mincir en agissant sur le métabolisme, mais aussi en améliorant le tonus musculaire. Ces exercices affineront votre silhouette.

ÉTIREMENTS CONSEILLÉS

Debout *(pages 22 à 24, 26 à 33) Pour les étirements genou fléchi, maintenir la cuisse parallèlement au sol, afin de faire travailler l'extérieur de la hanche et de la cuisse.*
Flexions arrière *(pages 54 à 63) Ces exercices raffermissent les muscles et améliorent le soutien des vertèbres lombaires.*
Étirements des hanches *(pages 40 à 45) Ils améliorent la souplesse des hanches.*

MODELER L'INTÉRIEUR DE LA CUISSE

Allongez les tendons situés derrière le genou et raffermissez l'intérieur des cuisses. Ce mouvement s'ajoutera, dans votre programme, aux autres étirements consacrés aux cuisses (pages 40 à 45). Si vous avez des problèmes d'équilibre, prenez appui sur un mur ou sur un meuble.

1 Allongez-vous sur le flanc gauche. Allongez le bras gauche et étirez le côté gauche du corps, du bout des doigts à l'extrémité des orteils. Pliez le bras et appuyez la tête sur la main. Pliez la jambe droite et attrapez le gros orteil (si c'est trop difficile, passez une ceinture autour du pied).

Pendant toute la durée de l'étirement, la jambe reste tendue

2 Tendez le bras et la jambe droits, en rapprochant cette dernière de votre tête. Tenez la posture durant 30 à 60 secondes, en respirant normalement. Repliez le genou, lâchez la jambe, puis revenez en position de départ. Recommencez de l'autre côté.

ÉTIRER L'EXTÉRIEUR DE LA CUISSE

Intégrez cette posture, excellente pour l'extérieur des cuisses, à l'enchaînement des mouvements assis. Si vous avez les cuisses fortes, ou encore les hanches très étroites, ce mouvement peut se révéler difficile. Allez-y progressivement.

Asseyez-vous, en croisant une cuisse par-dessus l'autre. Étirez les jambes le plus possible, en essayant de bien les aligner sur un même axe. Pour l'équilibre, tenez vos pieds. Redressez le buste et conservez la posture 30 à 60 secondes, en respirant régulièrement. Recommencez en croisant de l'autre côté.

RAFFERMIR CUISSES ET FESSES

Les étirements en position debout tonifient l'extérieur des cuisses et leur donnent un aspect plus lisse. Essayez cette posture à la fin des étirements debout, ou après ÉTIREMENT VERTICAL (page 24), lorsque votre sacrum sera plus mobile.

Debout devant une chaise, ouvrez grand les pieds. Contractez les muscles anaux, rentrez le coccyx et étirez-vous verticalement. Tenez la chaise. Sur une expiration, pliez les genoux à la verticale des pieds. Descendez le plus possible. Respirez une ou deux fois. Pour remonter, appuyez sur les talons et serrez bien les muscles anaux, coccyx rentré. Répétez l'exercice cinq à dix fois.

ÉTIREMENT DU DOS

La contraction des muscles entourant le coccyx et de ceux de l'intérieur des cuisses dégage les fessiers des reins, leur donnant tonus et modelé.

Maintenez les cuisses serrées

Soulevez les hanches, comme si le pubis vous tirait vers le haut, et non en poussant avec les lombaires

1 Allongez-vous sur le dos. Posez les pieds à plat et ramenez-les près des fesses. Le dos touche le sol sur toute sa longueur, et les bras reposent le long du corps. Commencez à contracter les fessiers.

2 Soulevez le bassin. Tenez en respirant normalement, jusqu'à ce que les cuisses fassent mal. Redescendez sur une expiration. Recommencez deux fois si vous faites d'autres étirements arrière ; sinon, allez jusqu'à cinq.

Redessiner jambes et chevilles

POUR REDESSINER SON CORPS, il est indispensable de mettre en valeur les muscles des jambes et d'affiner les chevilles. L'étirement des orteils et le renforcement des voûtes plantaires amélioreront l'équilibre et l'allure générale. Lorsque les pieds sont étirés, le reste du corps se sent bien, et cela se voit.

ÉTIREMENTS CONSEILLÉS

Debout *(pages 22 à 24, 26 à 33) Il faut les pratiquer quotidiennement. Pour une meilleure efficacité, étirez les pieds et allongez les orteils (même dans les étirements arrière). Montez à partir des voûtes plantaires, appuyez les talons et étirez les chevilles.*
Ensemble du corps *Pour faire travailler pieds et chevilles, et remodeler les muscles des jambes, choisissez les étirements des pages 38-39.*
Flexions avant *(pages 40 à 45) Elles sont recommandées pour renforcer les genoux, détendre les jambes raides et faire travailler les voûtes plantaires.*

FORTIFIER LES VOUTES PLANTAIRES

Nos pieds sont souvent comprimés par de mauvaises chaussures. Les étirer soulage les douleurs et profite aux voûtes plantaires.

Agenouillez-vous, pieds et chevilles joints. Asseyez-vous sur les talons et répartissez harmonieusement votre poids. Attachez vos chevilles pour qu'elles restent jointes, sauf si vous êtes trop lourd ou que vous ayez du mal à vous asseoir ; placez plutôt une serviette sous les chevilles. Étirez la colonne vertébrale. Si vos gros orteils se chevauchent, séparez-les par une étoffe.

Étirez chevilles, voûtes plantaires et orteils

AFFINER LES CHEVILLES

Cet étirement allonge les chevilles, les affine et les assouplit. Il renforce également les pieds. Intégrez-le à l'enchaînement debout, en vous adossant au mur si c'est trop difficile.

1 Mettez-vous debout, pieds joints et parallèles. Sur une expiration, étirez les bras au-dessus de la tête, paumes des mains jointes.

En fléchissant les jambes, étirez le buste verticalement

2 Sur une expiration, fléchissez les genoux, tout en appuyant les talons au sol. En étirant l'arrière des jambes et les tendons d'Achille, penchez-vous comme pour vous asseoir. Revenez sur une expiration. Recommencez deux ou trois fois.

FORTIFIER LES JAMBES

Cet exercice fortifie les jambes, renforce les chevilles et améliore l'équilibre. Faites-le après les étirements debout, en vous tenant au mur si nécessaire.

1 Mettez-vous debout, pieds joints. Fléchissez le genou gauche, attrapez votre pied et placez le talon contre l'aine droite, orteils vers le bas. Ouvrez la cuisse en reculant le genou gauche. Pour l'équilibre, posez la main droite sur la hanche.

Faites pivoter la jambe en arrière

Soulevez le quadriceps

2 Sans vous déhancher à droite, étirez la cuisse droite et le bassin. Étirez les bras latéralement, paumes vers le plafond, et, sur une expiration, tendez les bras vers le haut en allongeant la colonne vertébrale. Pour garder l'équilibre, fixez un point devant vous et respirez sans effort. Recommencez de l'autre côté.

ÉQUILIBRE SUR UNE JAMBE

Cet élégant étirement remodèle très efficacement jambes et chevilles, tout en améliorant l'équilibre et la concentration.

1 En position debout, faites l'ÉTIREMENT LATÉRAL (pages 26 et 27). Ramenez le bras droit contre le côté droit du buste. Expirez, puis fléchissez le genou gauche et posez la main gauche à 30 centimètres du pied gauche. Rapprochez le pied droit.

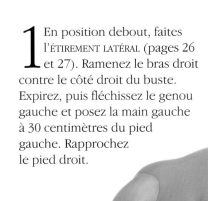

Étirez les orteils

Étirez les muscles des cuisses

Étirez le buste

2 Sur une expiration, levez la jambe arrière, en étirant bras et jambe gauches. En équilibre, respirez normalement. Pivotez le bas de l'abdomen vers le haut, en ouvrant la hanche droite, et étirez la colonne vertébrale. Levez le bras droit à la verticale. Regardez le bout de vos doigts. Tenez pendant 20 à 30 secondes, puis recommencez de l'autre côté.

4

STRETCHING AU QUOTIDIEN

Tout ce que nous faisons a une influence
sur le corps. Stress et contrariétés diminuent
l'énergie vitale, et un mode de vie malsain entraîne
un véritable gaspillage des ressources physiques.
En étirant le corps, en pratiquant la relaxation
et la respiration profonde, on stimule l'énergie
vitale et on s'éclaircit l'esprit. Progressivement,
le stress et les douleurs disparaissent.

Le corps et le stress

NOUS POSSÉDONS TOUS un étonnant potentiel de vitalité et de bien-être, et une extraordinaire capacité d'autoguérison. Un individu en bonne santé utilise toutes ses énergies et se sent bien dans son corps. En fonction du choix de notre mode de vie, nous pouvons vivre épanoui, ou bien au contraire dans la frustration. Nous subissons malheureusement de très nombreuses agressions, toutes génératrices de stress. L'air que nous respirons est pollué par le plomb et diverses toxines, notre nourriture est contaminée par les pesticides et autres produits chimiques. L'abus de stimulants – par exemple les cigarettes et l'alcool – ou encore de médicaments, le manque d'exercice affectent également notre santé. Beaucoup d'entre nous passent l'essentiel de leur temps au travail, où d'autres stress nous attendent. Les machines ont allégé nos tâches, mais le fait de rester longtemps assis ou debout au même endroit, de ne pas se dépenser affecte notre maintien et notre circulation. Les déplacements quotidiens, la climatisation, le chauffage central, le bruit, le téléphone nous font éprouver un sentiment d'oppression et d'angoisse. La pression de la hiérarchie et des collègues achève alors de rendre ce tableau apocalyptique. Tout cela se répercute, hélas, sur le corps. Surmenage et dépression gagnent du terrain, surtout chez les jeunes femmes, et l'hypertension et les maladies cardio-vasculaires ne sont plus le privilège des cadres. Le chômage et les pressions financières sont causes d'inquiétude ou de colère, et tout

LES ZONES SENSIBLES

Certaines parties du corps sont plus sensibles que d'autres aux effets du stress. Si elle vous font particulièrement mal, suivez les programmes d'étirements correspondants.

COU *Zone fragile, le cou se crispe sous l'effet du stress. L'alimentation sanguine du cerveau s'en trouve ralentie, et la migraine survient. Voir* **Retrouver le calme** *(pages 96 et 97).*

ÉPAULES ET HAUT DU DOS *Rester assis longtemps ou se courber souvent engendre des raideurs. Voir* **Combattre les raideurs** *(pages 102 et 103). Après une journée de travail, on a souvent les épaules crispées et la migraine Voir* **Retrouver l'énergie** *(pages 98 et 99).*

ABDOMEN *Stress de la vie quotidienne et mauvaise alimentation sont causes de troubles digestifs. La fatigue physique ou nerveuse et l'anxiété provoquent une libération d'adrénaline dans le corps, qui entraîne à son tour une hypoglycémie, d'où un besoin de stimulants. Voir* **Retrouver le calme** *(pages 96 et 97).*

JAMBES ET PIEDS *Rester assis ou debout pendant des heures, au travail, en voiture, en avion, ou à la maison, fait souffrir les jambes et les pieds, et enfler les chevilles. Voir* **Retrouver l'énergie** *(pages 98 et 99).*

TÊTE *Le surmenage cérébral peut provoquer des étourdissements et des maux de tête. La fatigue intellectuelle est cause d'insomnie et entrave l'efficacité. Après de longues heures de concentration, le cerveau est parfois incapable de décrocher.*
*Voir **Évacuer les tensions** (pages 100 et 101).*

YEUX *Une attention visuelle soutenue ou le travail sur ordinateur affectent les yeux.*
*Voir **Évacuer les tensions** (pages 100 et 101).*

BUSTE *Sous l'effet du stress, le corps est parfois sans énergie. Il faut le revitaliser et le désintoxiquer.*
*Voir **Ouverture, énergie** (pages 94 et 95).*

BAS DU DOS *Victime de sièges inconfortables, le dos se raidit et devient douloureux*
*Voir **Combattre les raideurs** (pages 102 et 103).*

MAINS *Taper sur un clavier, jouer d'un instrument de musique ou actionner une machine met à rude épreuve doigts et poignets. Pour lutter contre les douleurs, raideurs et diverses autres crampes, voir **Combattre les raideurs** (pages 102 et 103).*

le monde connaît un jour ou l'autre un deuil ou une rupture. Beaucoup de gens réagissent à cette avalanche de stress en adoptant un mode de vie équilibré. La première chose à faire, pour reprendre le contrôle de son corps, est d'adopter une pratique d'exercice physique régulière, et de contrebalancer l'activité quotidienne par des pauses de relaxation, loin de toute distraction et de tout bruit. La relaxation n'est pas un luxe, mais une composante essentielle de la vie quotidienne. Il est également important d'adopter un régime alimentaire à la fois sobre et équilibré.

La vie a ses hauts et ses bas. Mais en apprenant à nous détendre et à nous contrôler, nous saurons aussi mieux réagir dans les situations difficiles, sans recourir aux stimulants et aux médicaments. Les cinq programmes qui vont vous être présentés sont praticables par toute personne en bonne santé, et faits pour vous libérer des tensions et soucis quotidiens. Choisissez-les lorsque vous vivez des bouleversements, quand vous vous sentez faible ou fatigué, ou si vous avez besoin d'un supplément d'énergie. Chaque exercice est détaillé dans la section 2 – lorsqu'un exercice vous paraît trop difficile, remplacez-le par sa version simplifiée, avec ou sans accessoires. Les enchaînements proposés dans la présente section peuvent remplacer votre programme quotidien. Mais vous pouvez aussi pratiquer le programme de relaxation (pages 96 et 97) le soir, en complément des étirements habituels du matin. Pendant leurs règles, les femmes éviteront les postures à l'envers et tout exercice épuisant.

Ouverture, énergie

LORSQUE VOUS AVEZ BESOIN D'ÉNERGIE, essayez cet enchaînement, inspiré par le « cycle scolaire » d'un grand maître du yoga, B. K. S. Iyengar. Cet exercice est excellent pour la vitalité, car il approfondit la respiration et stimule la circulation. Vous pourrez le pratiquer dès que vous maîtriserez le programme de base (pages 70 et 71). Nous le déconseillons aux blessés et aux femmes enceintes ou en période de règles.

ENCHAINEMENT

Jusqu'à
20 minutes

Mettez-vous en position debout et respirez régulièrement. Inspirez sur la première posture, expirez lors de la seconde, et ainsi de suite. A l'étape 5, utilisez les pieds et les mains pour éviter la compression du bas du dos. A l'étape 6, mettez-vous en appui sur les orteils et pliez les coudes, pour que votre corps soit bien parallèle au sol. Respectez scrupuleusement chaque étape, en prenant votre temps. Répétez l'enchaînement plusieurs fois de suite. Lorsque votre maîtrise sera suffisante, répétez-le pendant 20 minutes, jusqu'à l'apparition d'une légère transpiration, signe de purification.

1 ÉTIREMENT VERTICAL
Voir *page 24.*

2 ÉTIREMENT AVANT
Voir *pages 40 et 41.*

3 ÉTIREMENT AVANT
Voir *étape 1, page 40.*

7 REDRESSEMENT
Voir *page 56.*

RELAXATION

10 minutes

Après votre série complète d'enchaînements, détendez-vous en flexion avant. Pour vous régénérer corps et âme, plongez-vous ensuite en relaxation profonde.

1 ÉTIREMENT AVANT
Voir *pages 40 et 41.*

4 ÉTIREMENT COMPLET
Voir *pages 38 et 39.*

5 REDRESSEMENT
Voir *page 56.*

6 ÉTIREMENT HORIZONTAL
Voir *instructions ci-contre.*

11 ÉTIREMENT VERTICAL
Voir *page 24.*

8 ÉTIREMENT COMPLET
Voir *pages 38 et 39.*

9 ÉTIREMENT AVANT
Voir *étape 1, page 40*

10 ÉTIREMENT AVANT
Voir *pages 40 et 41.*

12 STATION DEBOUT
Voir *pages 22 et 23.*

2 RELAXATION PROFONDE
Voir *pages 66 et 67.*

Retrouver le calme

EN PÉRIODE DE SURMENAGE, on perd souvent son calme. On a fréquemment recours aux stimulants – cigarettes, café, alcool –, qui affectent, à la longue, les glandes surrénales. Cheveux, ongles et peau se dégradent, et une fatigue profonde s'installe, conduisant parfois à la dépression. Pour retrouver la paix, il faut libérer les tensions et apaiser le système nerveux.

PRÉPARATION

Jusqu'à 5 minutes

Libérez les tensions du cou et des épaules. A l'étape 1, vous pouvez poser la tête sur un bloc, et à l'étape 2 vous aider d'épais coussins.

1 ÉTIREMENT COMPLET
Voir *pages 38 et 39.*
Tenir la position
pendant 60 secondes.

ENCHAINEMENT

Environ
15 minutes

Laissez-vous aller complètement, en utilisant au besoin les coussins, qui soutiendront votre corps et lui permettront de s'abandonner. La détente musculaire calme le cerveau. Si vous trouvez le sol trop dur, étendez une couverture.

1 MUSCLES TENDINEUX
Voir *étape 2, page 43.*
Tenir 60 secondes
sur chaque jambe.

2 MUSCLES TENDINEUX
Voir *page 43. Tenir*
60 secondes sur
chaque jambe.

5 LÉGER ÉTIREMENT
ABDOMINAL
Voir *page 84.*
Tenir pendant 3 à 5 minutes.

RELAXATION

10 minutes

Retrouvez le calme total grâce à une relaxation plus longue. L'apaisement du système nerveux permet de prendre du recul. Terminez en position agenouillée, en respirant profondément et très tranquillement.

1 RELAXATION PROFONDE
Voir *pages 66 et 67.*
Tenir pendant 5 minutes.

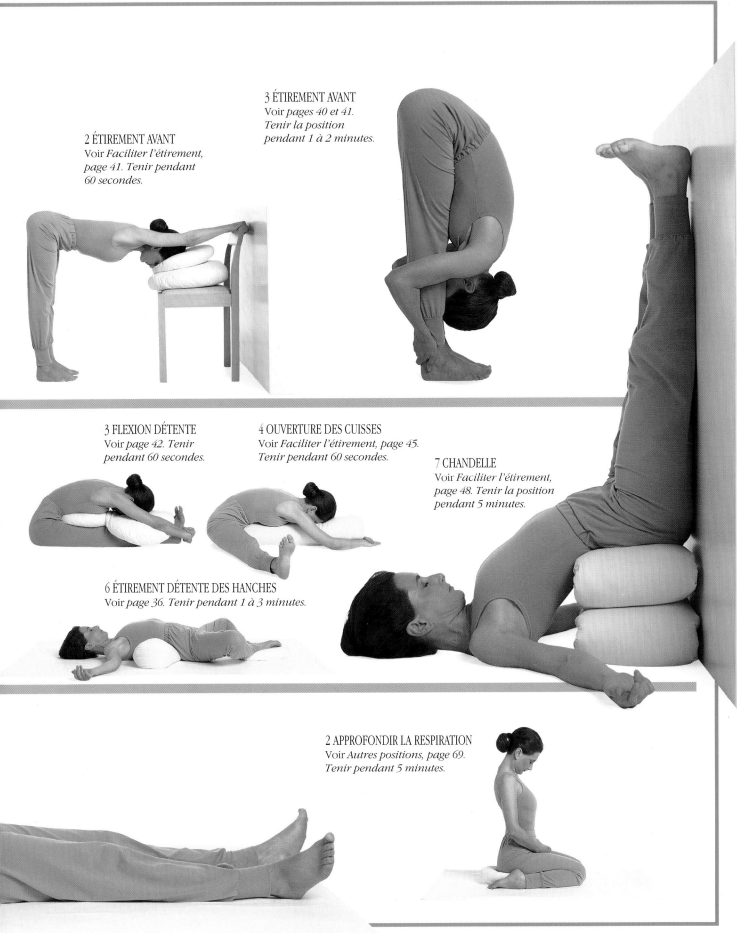

2 ÉTIREMENT AVANT
Voir *Faciliter l'étirement,
page 41.* Tenir pendant
60 secondes.

3 ÉTIREMENT AVANT
Voir *pages 40 et 41.*
Tenir la position
pendant 1 à 2 minutes.

3 FLEXION DÉTENTE
Voir *page 42.* Tenir
pendant 60 secondes.

4 OUVERTURE DES CUISSES
Voir *Faciliter l'étirement, page 45.*
Tenir pendant 60 secondes.

7 CHANDELLE
Voir *Faciliter l'étirement,
page 48.* Tenir la position
pendant 5 minutes.

6 ÉTIREMENT DÉTENTE DES HANCHES
Voir *page 36.* Tenir pendant 1 à 3 minutes.

2 APPROFONDIR LA RESPIRATION
Voir *Autres positions, page 69.*
Tenir pendant 5 minutes.

Retrouver l'énergie

Vous vous sentez déprimé… Vous manquez d'entrain… Vous travaillez beaucoup, sans efficacité… Vous êtes resté assis trop longtemps… Cette série d'étirements permet d'évacuer la fatigue, de soulager le dos et les épaules (crispés à cause d'une mauvaise position), tout en stimulant la circulation, au bénéfice des jambes et des pieds.

PRÉPARATION

5 minutes environ

Lorsqu'on manque d'entrain, on devient paresseux. C'est justement le moment de faire un effort, de casser le cercle vicieux de la léthargie. Commencez par détendre les épaules, et par revigorer les jambes et les pieds.

1 ÉTIREMENT VERTICAL
Voir *page 24.*
Tenir la position pendant 60 secondes.

2 HAUT DU DOS
Voir *page 82.*
Tenir 30 secondes de chaque côté.

ENCHAÎNEMENT

10 minutes environ

Cet enchaînement étire parfaitement la colonne vertébrale et délie les membres. Travaillez « à fond » et respectez un temps de repos entre chaque posture. Vous pouvez vous aider en utilisant des blocs.

1 ÉTIREMENT LATÉRAL
Voir *pages 26 et 27. Faire deux fois l'exercice. Tenir à chaque fois 30 à 60 secondes par côté.*

2 GRAND ÉTIREMENT
Voir *pages 28 et 29. Tenir 30 à 60 secondes de chaque côté.*

RELAXATION

15 minutes environ

Poursuivez la détente de la colonne vertébrale par une torsion légère et irriguez le bas du corps (systèmes sanguin et lymphatique). La détente finale vous permettra d'emmagasiner de l'énergie pour la soirée.

1 TORSION LÉGÈRE
Voir *page 50.*
Tenir 30 secondes de chaque côté.

3 LÉGER ÉTIREMENT ABDOMINAL
Voir *page 84.*
Tenir la position pendant 60 secondes.

4 ÉTIREMENT COMPLET
Voir *pages 38 et 39.*
Tenir la position pendant 60 secondes.

3 GRAND ÉTIREMENT VERTICAL
Voir *pages 30 et 31.*
Tenir 30 à 60 secondes de chaque côté.

4 TORSION DEBOUT
Voir *page 51.*
Tenir 30 à 60 secondes de chaque côté.

2 CHANDELLE
Voir *pages 46 et 47.*
Tenir la position pendant 2 à 3 minutes.

3 ÉTIREMENT COMPLET
Voir *page 49.*
Tenir la position pendant 2 à 3 minutes.

4 RELAXATION PROFONDE
Voir *pages 66 et 67.*
Jusqu'à la fin de la séance.

Évacuer les tensions

LE CORPS TÉMOIGNE de votre état émotionnel. Lorsqu'on se sent bien, tous les muscles se détendent, et les gestes sont libres. Lorsqu'on est triste ou tendu, les muscles se crispent, et tous les systèmes du corps s'affaiblissent. Si vous êtes déséquilibré au point d'avoir des insomnies ou de perdre votre efficacité, faites de grands étirements avant d'aborder la relaxation profonde.

PRÉPARATION

Jusqu'à 5 minutes

Les étirements debout permettent de se redresser. Pendant chaque étirement, respirez à fond, en ayant la sensation de vous élargir. Pour mieux ouvrir votre poitrine, utilisez des blocs et une chaise. Lorsque vous êtes fatigué, commencez la préparation à l'étape 6, et passez directement à l'enchaînement.

1 ÉTIREMENT VERTICAL
Voir *page 24. Tenir pendant 30 à 60 secondes.*

2 DÉGAGER LE HAUT DU DOS
Voir *page 82. Tenir 30 à 60 secondes de chaque côté.*

3 ÉTIREMENT LATÉRAL
Voir *pages 26 et 27. Faire deux fois l'exercice. Tenir à chaque fois 30 à 60 secondes par côté.*

ENCHAINEMENT

10 minutes

Les postures à l'envers aident les cellules à se débarrasser des déchets accumulés avec le stress. Le cerveau, le cou et la poitrine bénéficient ainsi de l'amélioration de la circulation, la relaxation est facilitée, et le stress diminue. En cas de besoin, utilisez des coussins.

1 CHANDELLE
Voir *Faciliter l'étirement, page 48. Tenir la position pendant 5 minutes.*

RELAXATION

5 minutes

Pendant la relaxation, le corps se recharge en énergie. Cela permet à l'esprit, dans les moments difficiles, de rester positif.

5 GRAND ÉTIREMENT VERTICAL
Voir *pages 30 et 31.*
Tenir 30 à 60 secondes
de chaque côté.

4 GRAND ÉTIREMENT
Voir *pages 28 et 29.*
Tenir 30 à 60 secondes
de chaque côté.

6 LONG ÉTIREMENT DORSAL
Voir *Faciliter l'étirement,*
page 33. Tenir 30 à 60 secondes
de chaque côté.

2 ÉTIREMENT COMPLET
Voir *Faciliter l'étirement,*
page 49. Tenir la position
pendant 5 minutes.

RESPIRATION SUR LE DOS
Voir *page 68.*
Tenir la position
pendant 5 minutes.

Combattre les raideurs

D'UN JOUR A L'AUTRE, la raideur varie en fonction de nos tensions, notre alimentation, notre moral, ou notre façon de nous asseoir ou de nous tenir debout. Des douleurs surviennent aussi lorsque nos gestes sont entravés par les vêtements ou les chaussures. Le travail est également source de raideurs, à cause des longues périodes d'immobilité.

PRÉPARATION

Jusqu'à 10 minutes

Il s'agit ici d'atténuer la raideur des épaules, du cou, des mains, des hanches et des jambes. Pour la flexion avant, prenez appui sur un mur, comme sur la photo, ou sur une chaise.

1 ÉTIREMENT AVANT
Voir Faciliter l'étirement, page 41. Tenir pendant 3 minutes environ.

ENCHAINEMENT

10 minutes environ

Il faut à présent rééquilibrer le corps en étirant le bas du dos et de la colonne vertébrale, et en relâchant les jambes et les épaules. N'hésitez pas à utiliser des blocs ou des couvertures pour faciliter certains étirements.

1 ÉTIREMENT LATÉRAL
Voir pages 26 et 27. Tenir 30 à 60 secondes de chaque côté.

RELAXATION

10 minutes

Il faut étirer le dos et détendre l'esprit. Pour la posture 1, tendez les bras vers des blocs, et dans les postures 2 et 3, utilisez des couvertures.

1 GRAND ÉTIREMENT DU DOS
Voir Faciliter l'étirement, page 57. Tenir pendant 60 secondes.

2 ÉTIREMENT DES HANCHES
Voir *l'étape 1, page 34.*
Tenir 30 à 60 secondes
de chaque côté.

3 ÉTIREMENT DES HANCHES
Voir *pages 34 et 35.*
Tenir 1 à 2 minutes
de chaque côté.

2 TORSION DEBOUT
Voir *page 51.* Tenir
30 à 60 secondes
de chaque côté.

3 DÉGAGER LE HAUT
DU DOS
Voir *page 82.*
Tenir 30 à 60 secondes
sur chaque bras.

4 ÉTIREMENTS DU BAS
DU DOS ET DE LA CUISSE
Voir *page 58.*
Tenir 30 à 60 secondes
sur chaque jambe.

5 GRAND ÉTIREMENT
ARRIÈRE
Voir *pages 60 et 61.*
Tenir pendant
30 secondes.

6 ÉTIREMENT COMPLET
Voir *pages 38 et 39.*
Tenir 30 à 60 secondes
de chaque côté.

7 TORSION LATÉRALE
COMPLÈTE
Voir *page 53.* Tenir
30 à 60 secondes
de chaque côté.

2 MUSCLES TENDINEUX
Voir *page 43.*
Tenir 30 secondes
sur chaque jambe.

3 FLEXION DÉTENTE
Voir *page 42.* Tenir
pendant 60 secondes.

4 RELAXATION PROFONDE
Voir *pages 66 et 67.*
Jusqu'à la fin de la séance.

5
APPLICATIONS SPORTIVES

Pour les sportifs, le stretching est une discipline
complémentaire idéale. La plupart des sports
privilégient certaines parties du corps.
Le stretching, au contraire, fait travailler
l'ensemble. Il assure une musculation
plus harmonieuse, améliore la mobilité,
la concentration, tout en réduisant la fatigue
et les raideurs. Plus solide, le corps est moins
exposé aux accidents.

Stretching et performances

POUR LES ADEPTES DES SPORTS de détente, les athlètes professionnels, ou ceux qui participent aux compétitions, le stretching est un moyen de perfectionner vitesse et technique, et de limiter les accidents. Il permet de pratiquer jusqu'à un âge plus avancé, puisque des exercices quotidiens entretiennent la vigueur et la souplesse du corps. Avant l'épreuve sportive, une séance de stretching améliore la concentration. Après, elle détend les muscles et supprime les raideurs. Pour se sentir bien, on terminera toujours par une relaxation.

EFFICACITÉ TECHNIQUE

Jusqu'à une époque récente, les athlètes privilégiaient force et endurance, et les étirements ne servaient qu'à détendre les muscles, victimes de différents traumatismes, d'une tension excessive, ou du vieillissement. Mais aujourd'hui, on considère le stretching comme un moyen efficace d'améliorer les performances et la vitesse. Pour les athlètes actuels, la recette du succès est un mélange d'endurance, de force et de souplesse. Chaque sport privilégie certains muscles. Le stretching en assure l'échauffement. Mais de tels exercices ne procurent pas un assouplissement susceptible d'améliorer les performances. La seule façon d'équilibrer et de modifier les groupes musculaires et le squelette, c'est de les associer à un enchaînement quotidien (voir pages 70 à 75). Pour obtenir de bons résultats, le corps a besoin d'articulations extrêmement mobiles. Les grands champions ne sont pas seulement plus résistants et plus forts que les autres : ils ont développé une forme de souplesse adaptée à leur sport. Au zénith de sa carrière, le bras de John McEnroe était capable d'une rotation externe à 90°, facteur déterminant dans la rapidité et la puissance de son service. En travaillant la mobilité de leurs hanches, les joueurs de golf peuvent allonger leurs drives d'une quinzaine de mètres, et les coureurs améliorer leur rapidité. Lorsqu'il était footballeur professionnel, mon ami John a pu vérifier l'étroite relation entre la souplesse et la vitesse : à force de faire de la musculation, il était moins rapide et se blessait souvent. La mobilité des articulations et la longueur des muscles et des ligaments est établie génétiquement, mais le stretching peut multiplier leur efficacité. Toutes les méthodes d'assouplissement ne sont pas bénéfiques. Certaines entraînent un étirement excessif, et les mouvements saccadés qu'elles préconisent risquent d'endommager les ligaments et d'abîmer les muscles. D'autres disciplines – comme la course à pied, avec ou sans obstacles – accélèrent la sécrétion d'acide lactique, cause de raideurs et de courbatures dès le lendemain. Ce n'est pas le cas du stretching, qui, au contraire, fait du bien aux muscles, articulations et organes internes.

CONCENTRATION

Une relaxation très profonde détend les muscles crispés, mais les athlètes commencent également à se rendre compte du pouvoir de l'esprit sur la matière. Le mental investit le sport, sous forme de méditation. Notre méthode de stretching, inspirée du hatha yoga, réunifie le corps et l'esprit, tout en améliorant la concentration, la souplesse et l'endurance grâce à une respiration optimale. Plus les mouvements sont lents et précis, plus on se concentre sur ses gestes et sa respiration, et plus le stretching est efficace. Même quand le rythme est plus rapide, précision et respiration restent fondamentales. La respiration est parfois différente d'un étirement à l'autre. Cette simple constatation modifie notre perception du corps, et donc la relation corps-esprit.

Course à pied et jogging

PENDANT LA COURSE, tout le corps participe. Pour protéger genoux, tibias et chevilles, assouplissez les hanches et la colonne vertébrale. La raideur d'une partie du corps peut créer des problèmes ailleurs. Par exemple, si le bassin est déséquilibré, le mouvement répétitif des jambes favorisera l'apparition d'arthrite dans le bas du dos, les hanches et les genoux. La pratique harmonieuse du stretching permet d'éliminer de tels risques. Les exercices proposés sont aussi utiles avant qu'après la course. Travailler sa respiration améliore l'endurance et l'oxygénation des muscles, et limite la sécrétion d'acide lactique.

ZONES SENSIBLES

ÉPAULES ET CAGE THORACIQUE
A étirer pour améliorer la respiration. Voir ÉTIREMENT THORACIQUE

ZONE LOMBAIRE
Parfois douloureuse. Voir TORSION DU BASSIN

MUSCLES TENDINEUX
A étirer. Voir OUVERTURE DES HANCHES, ÉTIREMENT DU CORPS

PIEDS *Bien étirés, ils assurent un meilleur appui au sol et une meilleure poussée. Voir* ÉTIREMENT DU CORPS, RELAXATION

CÔTES
En améliorant l'élasticité des muscles intercostaux, on facilite la respiration. Voir ÉTIREMENT THORACIQUE

BASSIN
Si l'un des côtés du corps est plus raide que l'autre, il faut le rééquilibrer. Voir TORSION DU BASSIN

HANCHES
Améliorez la rotation externe des fémurs. Voir OUVERTURE DES HANCHES, TORSION DU BASSIN

GENOUX *Pour leur solidité, voir* ÉTIREMENT DES JAMBES ET DES TENDONS D'ACHILLE

ÉTIREMENT THORACIQUE

Mettez-vous debout face au mur, pieds parallèles et dans l'alignement des hanches. Étirez-vous et posez les paumes des mains sur le mur, dans l'écartement des épaules, doigts ouverts. Si le bas du dos est trop raide, rapprochez-vous du mur. Tenez la posture 30 à 60 secondes.

Course à pied et jogging

ÉTIREMENT DU CORPS

1 Allongez-vous à plat ventre, les mains près de la taille et les jambes étirées vers l'arrière. Sur une expiration, soulevez le buste et le bassin, en tendant les bras et les jambes. Incurvez le haut du dos. Tenez 10 secondes.

2 Expirez. Soulevez les hanches et étirez la colonne vertébrale vers l'arrière, talons au sol. Étirez les épaules, étalez les doigts. Tenez la posture pendant 30 à 60 secondes. Recommencez à deux reprises.

TENDONS D'ACHILLE

Placez-vous à une longueur de bras de votre partenaire et prenez-lui les bras juste au-dessus des coudes. Fléchissez les jambes, en étirant les hanches en arrière. Plaquez les talons au sol. Tenez la position jusqu'à ce qu'elle devienne inconfortable.

OUVERTURE DES HANCHES

1 Allongez-vous sur le dos. Tendez les jambes et montez l'une des deux de manière à attraper le gros orteil. Si vos muscles tendineux sont trop raides, attrapez le pied avec une ceinture. Tendez bien la jambe.

2 Faites pivoter la jambe levée sur le côté, en l'amenant au niveau de l'épaule. Maintenez la hanche opposée au sol, et le bassin bien droit. Tenez pendant 30 à 60 secondes, puis recommencez de l'autre côté.

ÉTIREMENT DES JAMBES

Asseyez-vous sur vos talons, ou bien entre vos jambes. Étirez verticalement la colonne vertébrale à partir du bassin. Entrelacez vos doigts et étirez les bras vers le haut. Tenez la position pendant 30 à 60 secondes, en respirant très régulièrement. Si vous avez mal aux pieds, placez une couverture en dessous.

TORSION DU BASSIN

Posez le pied droit sur une chaise et amenez le bras gauche contre l'extérieur du genou plié. Pivotez à partir du bas du dos, en étirant la colonne vertébrale et en regardant par-dessus l'épaule droite. Tenez pendant 20 secondes, puis recommencez de l'autre côté.

RELAXATION

Après la course, relaxez-vous, pieds et jambes au mur, le buste soutenu par des coussins, la tête et les épaules au sol. La pesanteur fait affluer le sang à la tête. Respirez profondément pour ventiler le corps et favoriser la concentration. Vous pouvez tenir jusqu'à 10 minutes.

Football et rugby

POUR CES SPORTS D'ÉQUIPE, l'époque où l'on privilégiait la force et la masse musculaire est révolue. Les athlètes d'aujourd'hui doivent surtout progresser en mobilité et en rapidité. La souplesse joue donc un grand rôle : elle améliore la flexibilité des articulations et elle prévient les lésions. Un bon équilibre quotidien entre musculation et étirements assure un rendement supérieur et plus sûr. Si la masse musculaire gêne l'étirement, aidez-vous de ceintures ou de blocs (*voir* page 19). Pour une meilleure détente, travaillez avec un partenaire, mais allez-y doucement, en laissant les muscles s'étirer naturellement, sans les solliciter directement ni forcer sur les articulations.

ZONES SENSIBLES

ÉPAULES *Il faut les détendre complètement, car tout le corps contribue à l'aisance des mouvements. Voir* ÉTIREMENT INTÉGRAL

COURBURE LOMBAIRE *Pour la détendre, voir* MUSCLES TENDINEUX, ÉTIREMENT INTÉGRAL

MUSCLES TENDINEUX *S'ils sont trop courts, les hanches sont peu mobiles, et le dos peut en souffrir. Voir* MUSCLES TENDINEUX, QUADRICEPS

AINES ET HANCHES *L'étirement de ces parties du corps accroît la mobilité. Voir* ADDUCTEURS, QUADRICEPS, COLONNE VERTÉBRALE

ÉTIREMENT INTÉGRAL

Allongez-vous sur le dos. Levez les bras et étirez-les au sol, derrière la tête. Allongez les fesses en direction des talons. Étirez les jambes, les talons, les pieds et les orteils. Tenez la position pendant 60 secondes, en respirant normalement.

MUSCLES TENDINEUX

1 Allongez-vous sur le dos. Pliez la jambe droite en l'amenant vers l'épaule. Tenez votre tibia (si vous êtes assez souple, croisez les mains et attrapez votre pied). La jambe gauche reste parfaitement tendue.

2 Tendez la jambe droite. Amenez-la lentement vers la tête, sans forcer. Maintenez. Tirez légèrement. Maintenez. Tirez encore un peu. Maintenez. Recommencez de l'autre côté.

ADDUCTEURS

Allongez-vous sur le dos et posez les pieds sur un bloc recouvert d'une serviette. Le partenaire s'agenouille devant vos pieds et appuie doucement sur les deux cuisses de façon à les ouvrir. Détendez complètement l'aine.

QUADRICEPS

1 Agenouillez-vous (utilisez éventuellement une couverture). Avancez le pied gauche jusqu'à placer le tibia à la verticale. Stabilisez-vous, puis avancez encore, de façon à descendre la cuisse gauche. Gardez le buste vertical.

2 Si vous êtes assez souple, pliez la jambe arrière, attrapez votre pied et tirez-le vers la fesse. Tenez 10 à 30 secondes, relâchez et recommencez de l'autre côté.

COLONNE VERTÉBRALE

Allongez-vous sur le dos. Pliez les jambes et amenez les pieds tout près des fesses, en les maintenant parallèles. Faites rouler les épaules en arrière et vers le bas, inspirez et soulevez les hanches. Allongez les fesses en direction des talons et creusez la colonne vertébrale. Entrelacez vos doigts et tendez les bras vers les pieds. Détendez le visage et le cou. Tenez 30 secondes, expirez et revenez vertèbre par vertèbre.

Cyclisme

LE CYCLISME, SPORT TRÈS POPULAIRE en Europe et en Amérique, nécessite des jambes bien musclées. Les étirements debout fortifient les muscles des membres inférieurs, et les étirements à l'envers les reposent. Le cyclisme est extrêmement bénéfique sur le plan cardio-vasculaire, mais si votre poids n'est pas équitablement réparti entre vos mains, vos jambes et vos fesses, vous risquez de crisper le haut du dos, le cou et les bras. Après un long trajet, les étirements ci-dessous atténueront les raideurs et détendront la colonne vertébrale. Pour vous assouplir et vous rééquilibrer efficacement, intégrez-les à votre programme quotidien (*voir* pages 70 à 75).

ÉTIREMENT VERTÉBRAL

Mettez-vous debout, pieds bien dans l'alignement des hanches. En appui sur les talons, étirez les bras au-dessus de la tête, paumes des mains vers le haut. Étirez la colonne vertébrale, et détendez les épaules et le visage. Tenez 20 secondes.

ÉTIREMENT DES ÉPAULES

1 Agenouillez-vous, asseyez-vous sur vos talons et entrelacez les doigts derrière vous. Étirez les bras, ouvrez la poitrine et respirez profondément pendant 20 à 30 secondes.

2 Sur une expiration, descendez le buste en gardant les fesses en contact avec les talons et en étirant les bras vers la tête. Tenez pendant 10 à 20 secondes. Revenez. Recommencez avec les paumes des mains retournées.

ZONES SENSIBLES

COURBURE DORSALE
En cas de tensions, voir
ÉTIREMENT VERTÉBRAL,
ÉTIREMENT DES ÉPAULES,
ÉTIREMENT VERTÉBRAL ARRIÈRE
et TORSION VERTÉBRALE

COURBURE LOMBAIRE
Pour soulager les tensions, voir TORSION VERTÉBRALE *et* ÉTIREMENT VERTÉBRAL

COU ET ÉPAULES
Ils ont tendance à se raidir.
Voir ÉTIREMENT DES ÉPAULES,
ÉNERGÉTISATION, ÉTIREMENT VERTÉBRAL

BRAS *Pour les détendre, voir* ÉTIREMENT DES ÉPAULES *et* ÉTIREMENT VERTÉBRAL

PIEDS *S'ils sont douloureux, voir* ÉTIREMENT DES ÉPAULES, ÉNERGÉTISATION

JAMBES *Pour les renforcer et soulager les douleurs, voir* ÉNERGÉTISATION *et* ÉTIREMENT DES ÉPAULES

ÉTIREMENT VERTÉBRAL ARRIÈRE

1 Agenouillez-vous, mains sur les hanches, et étirez la colonne vertébrale. Maintenez l'étirement du bas du dos et, sur une expiration, courbez la colonne vertébrale vers l'arrière, en ouvrant la poitrine.

2 En conservant la position avancée et soulevée du bassin, posez les mains sur les talons et relâchez la tête vers l'arrière. Tenez 10 à 20 secondes, en respirant normalement.

TORSION VERTÉBRALE

Allongez-vous sur le dos, bras en croix. Ramenez les genoux vers la poitrine, expirez et faites pivoter le bassin vers la droite. Maintenez-le au sol pendant 20 secondes, puis roulez vers la gauche.

ÉNERGÉTISATION

1 Allongez-vous sur le dos, en faisant reposer la nuque, les épaules et les coudes sur des couvertures pliées. Pliez les genoux, soulevez le buste, et soutenez le dos avec vos mains. Étirez les jambes et amenez le buste à la verticale. Tenez pendant 5 minutes en respirant régulièrement.

2 Sur une expiration, descendez les jambes derrière la tête jusqu'à ce que les pieds touchent le sol (ou un support quelconque si vous êtes trop raide). Surveillez l'étirement de la colonne vertébrale. Tenez 60 secondes.

Sports de raquette

LE MANIEMENT D'UNE RAQUETTE peut parfois infliger de douloureuses tensions à la colonne vertébrale, mais on peut remédier en partie au problème en renforçant les abdominaux. Des épaules plus mobiles améliorent le service, et une plus grande souplesse générale (*voir* pages 70 à 75) augmente la rapidité. Lorsque les épaules et le bas du dos sont plus souples, on est moins sensible à des problèmes comme le tennis elbow. Une meilleure mobilité des hanches permet d'aller chercher des balles plus difficiles sans se faire mal. Les étirements debout renforcent les jambes et augmentent la souplesse des hanches et du bas du dos. L'étirement en arrière contrebalance la posture ramassée du squash.

ZONES SENSIBLES

MAINS *Pour les rendre moins vulnérables, voir* MOBILITÉ DES ÉPAULES, ÉPAULES ET POIGNETS, LE POIRIER

BRAS *Pour une meilleure rotation et pour les renforcer, voir* ROTATION DES ÉPAULES, ÉPAULES ET POIGNETS, LE POIRIER

JAMBES *Pour les renforcer, voir* LOMBAIRES ET SACRUM, ÉTIREMENT DES HANCHES

ÉPAULES *Améliorez votre service et votre mobilité en augmentant souplesse et capacité de rotation. Voir* MOBILITÉ DES ÉPAULES, OUVERTURE DU THORAX, ROTATION DES ÉPAULES

COLONNE VERTÉBRALE *Il faut l'assouplir. Voir* OUVERTURE DU THORAX, ÉPAULES ET POIGNETS, ROTATION VERTÉBRALE

HANCHES *Une meilleure mobilité évite les déchirures. Voir* ÉTIREMENT DES HANCHES

ROTATION DES ÉPAULES

Asseyez-vous sur les talons, pliez le coude gauche de façon à appuyer le dos de la main sur la colonne vertébrale, verticalement. Étirez la main droite au-dessus de la tête, pliez le bras sur une expiration et attrapez la main gauche (avec une ceinture si c'est trop difficile). Tenez 30 à 60 secondes. Recommencez de l'autre côté.

OUVERTURE DU THORAX

Allongez-vous sur une table basse, genoux pliés, le haut du dos sur des couvertures pliées. Faites reculer la tête et les épaules au-dessus du vide, mais pas trop loin. Étirez les bras derrière la tête. Pour plus d'efficacité, tenez une barre entre les mains. Tenez jusqu'à ce que la position devienne inconfortable (jusqu'à 5 minutes), en respirant normalement.

MOBILITÉ DES ÉPAULES

Couchez-vous sur le côté gauche, les pieds contre le mur.
Repoussez la main gauche jusqu'à ce que le bras soit tendu
à la verticale de l'épaule. Allongez le bras droit dans
le même axe et regardez vers le haut. Tenez 60 secondes
en respirant normalement. Recommencez de l'autre côté.

ÉPAULES ET POIGNETS

Tournez le dos au mur et fléchissez en avant. Posez
les mains à plat sur le sol, loin devant vous. Montez
les pieds le long du mur, jusqu'à la hauteur des hanches
ou plus haut. Amenez le bassin à la verticale des épaules.
Tenez 10 à 15 secondes.

LE POIRIER

Posez les mains au sol, près du mur, dans l'écartement
des épaules. Montez les hanches en rapprochant les pieds
de la paroi et lancez les pieds vers le mur, en bloquant
les bras. Étirez les épaules et le buste vers le haut, jambes
tendues. Tenez la position pendant 20 à 30 secondes,
en respirant normalement.

ÉTIREMENT DES HANCHES

Allongez-vous, fesses contre le mur, bras ouverts. Écartez les jambes autant que possible et sentez l'intérieur de vos cuisses s'étirer. Si vos hanches sont très souples, améliorez l'efficacité en fixant des poids à vos chevilles. Tenez 60 secondes ou plus.

LOMBAIRES ET SACRUM

Asseyez-vous sur le sol et écartez les jambes (si nécessaire, asseyez-vous sur d'épais coussins). Étirez la colonne vertébrale, du coccyx au crâne, en attachant au besoin une ceinture à chaque pied. Si vous êtes souple, fléchissez vers l'avant, en gardant les jambes droites, et posez la poitrine sur le sol ou sur un traversin. Tenez le plus longtemps possible, sans forcer.

ROTATION VERTÉBRALE

Asseyez-vous, au besoin sur un bloc, jambe gauche tendue, pied droit ramené vers la fesse. Posez la main droite derrière les hanches pour soutenir et étirer la colonne vertébrale. Faites pivoter le buste vers la droite et placez le bras gauche devant le genou plié. Regardez par-dessus votre épaule. Tenez 15 à 30 secondes, en respirant normalement. Recommencez de l'autre côté.

Golf

UNE BONNE SOUPLESSE DES HANCHES vous fera gagner quelques mètres sur chaque drive, et la musculation des paravertébraux évitera les douleurs au niveau du buste, des hanches et des genoux (généralement occasionnées par les mouvements de torsion, lorsque la colonne vertébrale est faible et déséquilibrée). Veiller à la souplesse dorsale et au tonus musculaire vous permettra d'éviter un effort trop important de la courbure lombaire. Si le golf est votre seul exercice, pratiquez le stretching tous les jours (*voir* pages 70 à 75). Une sensation de raideur dans le haut du dos, apparaissant souvent après quelques heures devant un bureau, indique un affaiblissement des muscles, des ligaments et des vertèbres. Il n'est jamais trop tard pour y remédier.

ZONES SENSIBLES

COURBURE DORSALE
Le redressement de cette zone rééquilibre la colonne vertébrale. Voir ÉTIREMENT PASSIF, ÉLÉVATION DU THORAX, RENFORCEMENT VERTÉBRAL

HANCHES
Elles sont parfois douloureuses lorsque le corps est trop raide. Voir FORTIFIER LES JAMBES, ÉTIRER JAMBES ET HANCHES

COURBURE LOMBAIRE
Les torsions allègent les pressions subies par cette zone. Voir LÉGÈRE TORSION, ÉTIRER JAMBES ET HANCHES, RENFORCEMENT VERTÉBRAL, FORTIFIER LES JAMBES

JAMBES *Pour les renforcer, voir* FORTIFIER LES JAMBES

GENOUX *S'ils sont trop raides, voir* FORTIFIER LES JAMBES, ÉLÉVATION DU THORAX

FORTIFIER LES JAMBES

1 Écartez les pieds de 1 mètre et posez un bloc près du pied gauche. Écartez les bras. Rentrez le pied droit, ouvrez le pied gauche.

2 Sur une expiration, allongez le buste sur la gauche (sans pencher en avant). Posez la main gauche près du pied gauche, sur le sol ou sur le bloc. Tendez le bras droit vers le plafond et regardez dans cette direction. Tenez 30 à 60 secondes, puis recommencez de l'autre côté.

▷

Golf

ÉTIRER JAMBES ET HANCHES

1 Mettez-vous debout, écartez les pieds de 1 mètre environ et tendez les bras à la hauteur des épaules. Si vous êtes raide, posez un bloc à côté du pied gauche. Rentrez le pied droit et ouvrez le pied gauche. Expirez et faites pivoter le buste vers la gauche.

2 Amenez le bras droit au-dessus du pied gauche et posez la main sur le sol ou le bloc. Tendez le bras gauche dans l'alignement du bras droit et regardez votre main gauche. Tenez 15 à 30 secondes, puis recommencez de l'autre côté.

ÉTIREMENT PASSIF

Roulez une couverture. Allongez-vous sur le dos, jambes pliées, la couverture derrière vos épaules. Poussez sur vos pieds de façon à faire rouler les épaules en dehors Îde la couverture, qui soutient maintenant les omoplates. Laissez tomber les reins et, si la courbure lombaire s'allonge, tendez les jambes. Tenez 60 secondes ou plus.

RENFORCEMENT VERTÉBRAL

Allongez-vous à plat ventre, bras le long du corps, paumes vers le haut. Sur une expiration, décollez la tête, les épaules et les jambes du sol. Étirez le bas du dos et contractez les muscles anaux. Tenez quelques secondes, revenez, puis recommencez.

LÉGÈRE TORSION

Asseyez-vous sur une chaise, une cuisse contre le dossier. Sur une expiration, tournez le buste vers la gauche, à partir du bassin, en tenant le dossier de la chaise. Tenez pendant 15 à 30 secondes, puis recommencez de l'autre côté.

ÉLÉVATION DU THORAX

1 Allongez-vous sur le dos, devant une chaise placée contre un mur, les épaules et les coudes reposant sur une couverture pliée. Posez les pieds sur le siège de la chaise. Tenez les pieds de la chaise entre vos mains. Respirez quelques instants.

2 Sur une expiration, levez les hanches en prenant appui avec les pieds sur le siège. Soulevez et étirez la colonne vertébrale de façon à allonger le haut du dos. Tenez quelques secondes en respirant normalement, puis reposez les hanches sur le sol.

Base-ball

DANS CE SPORT D'ÉQUIPE, il faut avant tout être capable de s'élancer comme l'éclair et de frapper la balle, après de longues périodes d'immobilité. Il est conseillé de s'étirer avec un partenaire. La préparation psychique est également importante : prenez le temps, pendant les échauffements, de vous concentrer sur la respiration, pour mieux prendre conscience des mouvements du diaphragme. Dans cette discipline, les genoux sont particulièrement vulnérables, et les muscles tendineux et l'aine risquent de souffrir lors des démarrages brutaux. Tenez-en compte pendant l'échauffement, et après le match.

ZONES SENSIBLES

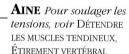

COURBURE DORSALE
Son renforcement et son assouplissement améliorent la frappe. Voir ÉTIREMENT DORSAL, ÉTIREMENT DU HAUT DU CORPS, ÉTIREMENT VERTÉBRAL

COURBURE LOMBAIRE
Son renforcement augmente la force de frappe. Voir ROTATION DU BASSIN, ÉTIREMENT VERTÉBRAL

MUSCLES TENDINEUX
Attention aux élongations ! Voir DÉTENTE DES MUSCLES TENDINEUX, ÉTIREMENT COMPLET

MOLLETS *Leur élasticité est importante pour la course. Voir* ÉTIREMENT COMPLET

ÉPAULES *Il faut les assouplir. Voir* ÉTIREMENT DU HAUT DU CORPS, ÉTIREMENT COMPLET, ROTATION DU BASSIN

AINE *Pour soulager les tensions, voir* DÉTENDRE LES MUSCLES TENDINEUX, ÉTIREMENT VERTÉBRAL

GENOUX *Articulations complexes, les genoux doivent être renforcés. Voir* ÉTIREMENT COMPLET, ÉTIREMENT DU HAUT DU CORPS, DÉTENTE DES MUSCLES TENDINEUX

CHEVILLES *Pour les renforcer, voir* ÉTIREMENT COMPLET

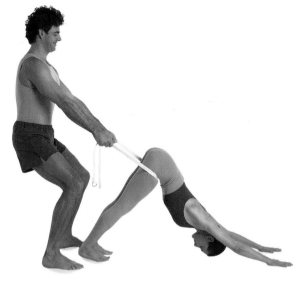

ÉTIREMENT COMPLET

Mettez-vous à quatre pattes, pieds et mains dans l'alignement des épaules. Expirez, soulevez les hanches, étirez le buste en arrière à partir des mains et tendez les jambes, talons au sol. Le partenaire passe une ceinture devant vos cuisses et vous tire en arrière pour mieux faire travailler les jambes.

ÉTIREMENT DU HAUT DU CORPS

Allongez-vous à plat ventre, les mains derrière le dos, refermées sur un bâton. Le partenaire s'accroupit au-dessus de vos pieds, empoigne le bâton et tire doucement pour vous aider à soulever les épaules et le haut du buste, et à étirer l'arrière des bras. Votre cou se place dans l'axe du haut du dos. Tenez 30 secondes.

ÉTIREMENT VERTÉBRAL

1 Allongez-vous à plat ventre. Pliez les jambes l'une après l'autre, puis attrapez vos chevilles. Appliquez les cuisses sur le sol.

2 Sur une expiration, décollez du sol les jambes et le haut du corps. Tenez pendant quelques respirations. Reposez les jambes l'une après l'autre. Recommencez.

ÉTIREMENT DORSAL

Écartez les pieds de 1 mètre environ. Rentrez le pied droit et ouvrez le pied gauche. Étirez le buste à partir de la taille, hanche gauche en arrière. Le partenaire vous prend les bras et étire votre colonne vertébrale pendant 20 secondes. Recommencez de l'autre côté.

ROTATION DU BASSIN

Reprenez l'étirement dorsal. Passez le bras droit par-dessus le pied gauche. Levez le bras gauche et regardez vers le haut. Le partenaire maintient votre talon arrière, et tire la hanche et le bras gauches vers l'arrière. Recommencez de l'autre côté.

DÉTENTE DES MUSCLES TENDINEUX

Asseyez-vous, jambes tendues, les fesses sur un bloc si vos muscles tendineux sont trop raides. Sur une expiration, étirez-vous à partir du bassin et descendez. Posez la poitrine sur vos cuisses. Attrapez vos pieds, ou l'un de vos poignets derrière les pieds, si vous êtes assez souple. Tenez 60 secondes.

Basket-ball, handball et volley-ball

DANS CES SPORTS D'ÉQUIPE EN SALLE, il faut lancer le ballon avec précision, mais il faut également savoir manœuvrer. En améliorant son agilité et sa souplesse, on devient plus rapide et plus habile. En outre, l'étirement de l'ensemble du corps évite de se faire mal. Il est donc nécessaire de faire une séance quotidienne de stretching (*voir* pages 70 à 75). Les étirements de ce chapitre visent à renforcer les points sensibles (les chevilles, par exemple, très exposées à cause des changements de direction très fréquents). L'assouplissement de la colonne vertébrale et des hanches permet d'agir et de réagir plus vite, sans dommage pour les muscles et les articulations.

ZONES SENSIBLES

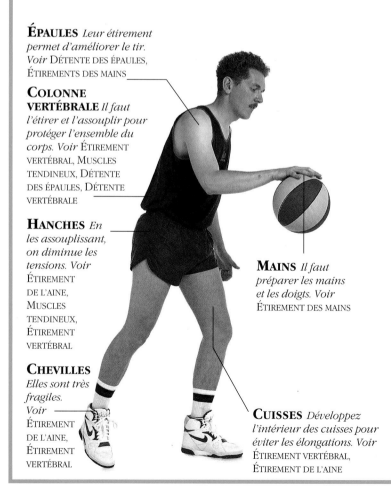

ÉPAULES *Leur étirement permet d'améliorer le tir. Voir* DÉTENTE DES ÉPAULES, ÉTIREMENTS DES MAINS

COLONNE VERTÉBRALE *Il faut l'étirer et l'assouplir pour protéger l'ensemble du corps. Voir* ÉTIREMENT VERTÉBRAL, MUSCLES TENDINEUX, DÉTENTE DES ÉPAULES, DÉTENTE VERTÉBRALE

HANCHES *En les assouplissant, on diminue les tensions. Voir* ÉTIREMENT DE L'AINE, MUSCLES TENDINEUX, ÉTIREMENT VERTÉBRAL

CHEVILLES *Elles sont très fragiles. Voir* ÉTIREMENT DE L'AINE, ÉTIREMENT VERTÉBRAL

MAINS *Il faut préparer les mains et les doigts. Voir* ÉTIREMENT DES MAINS

CUISSES *Développez l'intérieur des cuisses pour éviter les élongations. Voir* ÉTIREMENT VERTÉBRAL, ÉTIREMENT DE L'AINE

ÉTIREMENT DES MAINS

1 Debout ou assis, joignez les mains. Étirez les doigts et pressez les paumes l'une contre l'autre.

2 Baissez les mains, en pressant les doigts et le haut des paumes l'un contre l'autre, pour mieux étirer du bout des doigts jusqu'aux poignets. Respirez normalement. Recommencez deux ou trois fois.

ÉTIREMENT VERTÉBRAL

Écartez les pieds de 1 mètre. Rentrez le pied droit, ouvrez le pied gauche et alignez le talon gauche sur la voûte plantaire droite. Tendez les bras à l'horizontale, respirez et étirez vers la gauche. Posez la main sur le sol et étirez le bras droit. Regardez vers le haut pendant 20 à 30 secondes. Recommencez de l'autre côté.

ÉTIREMENT DE L'AINE

Écartez les pieds de 1,50 m environ. Rentrez le pied droit, ouvrez le pied gauche et alignez le talon gauche sur la voûte plantaire droite. Étirez la colonne vertébrale, expirez, descendez les hanches et pliez le genou gauche à angle droit. Tenez 30 à 60 secondes, puis recommencez de l'autre côté.

DÉTENTE DES ÉPAULES

Mettez-vous debout, dos et talons au mur. Posez un tabouret (des blocs si vous êtes souple) devant vous. Sans plier les jambes, descendez en étirant le buste à partir des hanches et posez les mains sur le support. Soulevez les hanches. Étirez-vous pendant 30 à 60 secondes, en respirant normalement.

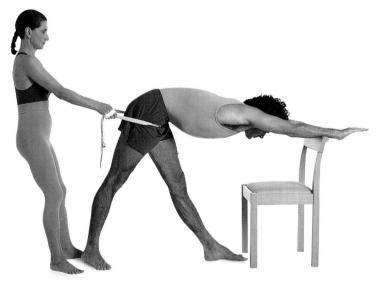

MUSCLES TENDINEUX

Écartez les pieds de 1 mètre, pied gauche près de la chaise. Rentrez le pied droit, ouvrez le gauche et alignez le talon gauche sur la voûte plantaire droite. Le partenaire vous passe une ceinture autour des hanches et tire sur la hanche droite, pendant que vous descendez le buste vers la chaise. Tenez 30 secondes de chaque côté.

DÉTENTE VERTÉBRALE

Agenouillez-vous et étirez le buste vers le sol. Le partenaire appuie sur votre bassin et vous aide à étirer la colonne vertébrale jusqu'à la nuque. Il ne doit surtout pas appuyer sur le coccyx. Tenez pendant 60 secondes.

Haltérophilie

L'HALTÉROPHILIE PERMET D'AMÉLIORER puissance
musculaire et endurance, mais c'est une activité
dangereuse lorsqu'elle n'est pas pratiquée sous le
contrôle d'un professeur expérimenté. Les
quadriceps et les abdominaux subissent souvent de
trop fortes tensions, et les genoux souffrent de
mauvaises répartitions du poids. En pratiquant le
stretching quotidiennement (*voir* pages 70 à 75),
vous équilibrerez la colonne vertébrale, détendrez
les muscles raidis et assouplirez le corps tout en le
fortifiant. Les étirements des hanches et des jambes
diminueront les risques de lésions, et l'étirement
du haut du dos ouvrira le thorax, améliorant la
respiration. Pratiqué avec des poids, le stretching
acquiert une nouvelle dimension.

RENFORCEMENT DES GENOUX

Mettez-vous le dos au mur, pieds écartés.
Descendez en pliant les genoux, dos contre
la paroi. Tenez, puis expirez et descendez,
genoux à la verticale des pieds. Descendez
par paliers jusqu'à ce que les cuisses soient
parallèles au sol. Tenez la posture.

ZONES SENSIBLES

COURBURE DORSALE
*L'étirement de cette zone ouvre
la poitrine et ventile l'ensemble du
corps. Voir* ÉTIREMENT EN OBLIQUE,
OUVERTURE
DE LA POITRINE

HANCHES
*Si elles sont trop
raides, voir*
OUVERTURE
DES HANCHES,
OUVERTURE
DE L'AINE

**COURBURE
LOMBAIRE**
*Les problèmes sont très
fréquents chez ceux qui
ne pratiquent pas le
stretching. Voir*
OUVERTURE DES HANCHES,
ÉTIREMENT EN OBLIQUE,
ÉLONGATION DES
LOMBAIRES

CUISSES *Il faut
équilibrer les
quadriceps et les
muscles tendineux.
Voir* FLEXION AVANT,
OUVERTURE DE LA
POITRINE,
OUVERTURE
DES HANCHES,
RENFORCEMENT
DES GENOUX

GENOUX *Pour les
consolider et atténuer
les douleurs.* Voir
RENFORCEMENT DES
GENOUX, OUVERTURE
DE LA POITRINE

OUVERTURE DE LA POITRINE

Écartez les pieds et levez les bras. Rentrez alors
le pied droit, ouvrez le gauche, et alignez le talon
gauche sur la voûte plantaire droite. Tournez
complètement le buste vers la droite. Sur une
expiration, pliez le genou avant. Tenez 30 à 60
secondes, puis recommencez de l'autre côté.

FLEXION AVANT

Mettez-vous debout sur un banc, les orteils près du bord, une barre entre les mains. Fléchissez en avant à partir des hanches, en laissant votre colonne vertébrale s'allonger doucement. Gardez les jambes bien droites et respirez normalement. Tenez le plus longtemps possible.

OUVERTURE DES HANCHES

Allongez-vous sur le dos. Levez la jambe droite tendue et attrapez votre gros orteil. Laissez tomber la jambe vers la droite et faites pivoter le buste vers la gauche. Laissez tomber le sacrum vers le sol. Le partenaire appuie sur votre hanche droite pour vous aider à tenir et à ouvrir. Recommencez de l'autre côté.

ÉTIREMENT EN OBLIQUE

Allongez-vous sur le dos, les bras en croix, paumes des mains vers le plafond, un poids sur chaque main. Ramenez les genoux vers la poitrine. Sur une expiration, faites basculer les jambes vers la droite, jusqu'au sol. Tenez 30 secondes, puis recommencez de l'autre côté.

OUVERTURE DE L'AINE

Asseyez-vous, les fesses contre un mur, le dos droit. Ramenez les chevilles vers l'aine, joignez les plantes des pieds. Détendez-vous pendant 60 secondes au moins dans cette posture, en laissant les cuisses s'ouvrir naturellement. Pour augmenter l'ouverture, posez des poids sur les cuisses.

ÉLONGATION DES LOMBAIRES

Agenouillez-vous, puis asseyez-vous sur les talons (si vous êtes trop raide, placez un coussin entre les fesses et les talons). Sans décoller les talons, étirez le buste vers l'avant et posez les mains au sol, le plus loin possible. Placez un ou deux poids sur le bas du dos, et un entre les omoplates. Restez 60 secondes dans la posture.

Index

Crédit illustrations
Toutes les photographies
sont de Tim Ridley, à l'exception
des suivantes : pp. 8-9, 20-21,
76-77, 90-91, 104-105,
Michael Dunning ; pp. 110 (bg),
120 (bg), 122 (bg), Sarah Ashun ;
pp. 112 (bg), 124 (bg), Philip Gatward ;
pp. 114 (bg), 117 (bg), Matthew Ward.